Zu diesem Buch

«Auch zur Freundschaft gehört Begabung – es ist sogar eine besonders seltene. Dem Glückskind Henry Miller wurde sie mit wahrer Verschwendergeste in die Wiege gelegt. Sein Leben stand und steht im Zeichen eines außergewöhnlichen Reichtums an intensiven und dauerhaften Freundschaften... Miller war, wie er immer wieder betont hat, ein Kind der Straße. ‹Auf der Straße wurde ich geboren, und auf der Straße wuchs ich auf›, heißt es im ‹Schwarzen Frühling›, wo er von dem ‹glorreichen 14. Bezirk› (Williamsburg, Brooklyn) als seinem Vaterland spricht. Die Straße liefert ihm denn auch die ersten Lehrmeister, und einer von ihnen, wohl der wichtigste, ist ein polnischer Junge namens Stanley Borowski. Durch ihn, einen eher strengen, asketischen, skeptischen Typ – in fast allem also so ziemlich das Gegenteil des jungen Henry Miller –, erfährt dieser zum erstenmal, was Freundschaft auch künftig für ihn sein wird» (Günter Blöcker, FAZ).

«Wer den großen Henry Miller liebt, findet hier den ganz privaten noch dazu» (Hedwig Rohde, Bücherkommentare).

Henry Miller, der am 26. Dezember 1891 in New York geborene deutschstämmige Außenseiter der modernen amerikanischen Literatur, wuchs in den Großstadtstraßen Brooklyns auf. Neun Jahre gehörte er dann den Pariser Kreisen der «Americans Exiles» an. In der von Peter Neagoe herausgegebenen Anthologie «Americans Abroad» (1932) erregte er mit «Mademoiselle Claude» Aufsehen. 1931 hatte er sein vielumstrittenes, erstes größeres Werk «Wendekreis des Krebses» abgeschlossen, ohne Hoffnung, dieses alle moralischen und formalen Maßstäbe zertrümmernde Werk jemals gedruckt zu sehen. Henry Miller starb am 7. Juli 1980 in Pacific Palisades/Cal.

Von Henry Miller erschienen in der Reihe der rororo-Taschenbücher außerdem «Lachen, Liebe, Nächte» (Nr. 277; die Erzählung «Astrologisches Frikassee» aus dem Band liegt auch in der Reihe «Literatur für KopfHörer», gelesen von Hans Michael Rehberg, vor), «Der Koloß von Maroussi» (Nr. 758), «Big Sur und die Orangen des Hieronymus Bosch» (Nr. 849), «Nexus» (Nr. 1242), «Plexus» (Nr. 1285), «Schwarzer Frühling» (Nr. 1610), «Mein Leben und meine Welt» (Nr. 1745), «Der klimatisierte Alptraum» (Nr. 1851), «Insomnia oder Die schönen Torheiten des Alters» (Nr. 4087), «Das Lächeln am Fuße der Leiter» (mit Illustrationen von Joan Miró; Nr. 4163); «Wendekreis des Krebses» (Nr. 4361; außerdem in dem Band «Klassiker der Erotik», Nr. 12716), «Von der Unmoral der Moral» (Nr. 4396), «Wendekreis des Steinbocks» (Nr. 4510), «Sexus» (Nr. 4612), «Die Welt des Sexus» (Nr. 4991), «Stille Tage in Clichy» (Nr. 5161) und im Rowohlt Verlag überdies «Der Engel ist mein Wasserzeichen. Sämtliche Erzählungen» (1983).

In der Reihe «rowohlts monographien» erschien als Band 61 eine Darstellung Henry Millers mit Selbstzeugnissen und Bilddokumenten von Walter Schmiel, die eine ausführliche Bibliographie enthält.

Henry Miller

Jugendfreunde

Eine Huldigung
an Freunde
aus lang
vergangenen Zeiten

Deutsch von
Angela Praesent

Rowohlt

Die amerikanische Originalausgabe erschien 1976
unter dem Titel «Henry Miller's Book of Friends.
A Tribute to Friends of Long Ago»
im Verlag Capra Press, Santa Barbara, California
Brooklyn-Photos von Jim Lazarus
Umschlaggestaltung Barbara Hanke

Veröffentlicht im Rowohlt Taschenbuch Verlag GmbH,
Reinbek bei Hamburg, Januar 1990
Copyright © 1977 by Rowohlt Verlag GmbH,
Reinbek bei Hamburg
«Henry Miller's Book of Friends»
Copyright © 1976 by Henry Miller
Gesamtherstellung Clausen & Bosse, Leck
Printed in Germany
780-ISBN 3 499 12587 0

Vorwort

Ich begann dieses «Buch der Freunde» vor zwei Jahren in dem Gedanken, ihnen eine Hommage zu bereiten. Die meisten von ihnen sind der Öffentlichkeit weithin unbekannt. Die frühen Freundschaften stammen aus der Zeit im 14. Bezirk (Williamsburg, Brooklyn) und in Greenpoint. Hier geht es nur um ein paar von ihnen; ich hoffe, auch die übrigen noch beschreiben zu können, selbst wenn ich bis ans Ende meiner Tage dazu brauche. Es ist schade, daß ich keine Photos von Glendale oder von Yorkville habe, wo ich geboren wurde.

Henry Miller
8. September 1975

1.

Stasiu

Fillmore Place – meine Lieblingsstraße, als ich ein Kind war. Das Altern scheint ihr gar nicht so schlecht bekommen zu sein.

Er war der allererste Freund in meinem Leben. Ein Freund aus derselben Straße, der Straße, wo wir uns auch kennenlernten, in jenem glorreichen Vierzehnten Bezirk, über den ich so glühend geschrieben habe. Wir waren beide fünf Jahre alt. Natürlich hatte ich außer Stasiu noch andere kleine Freunde in der Gegend. Es ist mir immer leichtgefallen, Freundschaften zu schließen. Aber Stasiu war sozusagen mein richtiger Freund, mein Spießgeselle, mein Kumpan, mein ständiger Gefährte.

Stasiu nannten ihn seine Eltern. Keiner von uns wagte, ihn so zu nennen, weil das ihn zum «Polacken» stempelte, und als «Polacke» wollte er nicht gelten. Er hieß Stanley, und Stasiu ist die Koseform für Stanley. Ich höre noch seine Tante mit ihrer süßen Stakkatostimme rufen: «Stasiu, Stasiu, wo bist du? Komm heim, es ist schon spät.» Bis zu meinem Sterbetag werde ich diese Stimme, diesen Namen hören.

Stanley war ein Waisenkind, das von seiner Tante und seinem Onkel adoptiert worden war. Seine Tante, eine Frau von gewaltigen Ausmaßen, mit Brüsten wie Kohlköpfen, war eine der gütigsten, freundlichsten Frauen, die ich je kennengelernt habe. Sie war Stanley eine richtige Mutter, eine sehr viel bessere wahrscheinlich, als seine eigene Mutter ihm gewesen wäre, wenn sie noch gelebt hätte. Sein Onkel dagegen war ein brutaler Trunkenbold, dem der Friseurladen im Erdgeschoß des Hauses, in dem wir wohnten, gehörte. Ich habe die lebhaftesten und schrecklichsten Erinnerungen an ihn, wie er Stanley mit einem offenen Rasiermesser in der Hand durch die Straßen jagte, ihn aus voller Lunge verfluchte und drohte, er werde ihm den Kopf abschneiden.

Obwohl Stanley nicht sein Sohn war, hatte auch er ein zügelloses Temperament, besonders wenn man ihn neckte. Er hatte anscheinend nicht den geringsten Sinn für Humor, auch später nicht, als er erwachsen war. Seltsam, wenn ich es mir jetzt überlege, daß «drollig» eines seiner Lieblingswörter war. Aber das war viel später, als er davon träumte, Schriftsteller zu werden, und mir endlos lange Briefe von Fort Oglethorpe oder aus Chickamauga schrieb. Damals diente er bei der Kavallerie.

Jedenfalls hatte er als Junge nichts Drolliges an sich. Im Gegenteil, seine Miene war meistens finster, mürrisch und manchmal geradezu fies. Wenn ich ihn ärgerte, was ich gelegentlich tat, jagte er mit geballten Fäusten hinter mir her. Glücklicherweise konnte ich ihm immer davonlaufen. Aber diese Verfolgungsjagden waren lang und voller Schrecken, denn ich hatte eine heillose Angst vor Stanley, wenn er außer sich war. Wir hatten etwa die gleiche Größe und Statur, aber er war bei weitem der stärkere. Ich wußte, wenn er mich je zu fassen bekäme, würde er mich fast zu Tode prügeln.
Also hängte ich ihn in solchen Lagen ab und versteckte mich dann irgendwo eine halbe Stunde oder so, ehe ich nach Hause schlich. Er wohnte am andern Ende des Blocks, in einem schäbigen, dreistöckigen Haus, ganz ähnlich wie unseres. Ich mußte mich sehr vorsichtig heimschleichen, denn er konnte ja immer noch nach mir Ausschau halten. Ich hatte keine Sorge, ihm am nächsten Tag zu begegnen, da diese Wutanfälle sich immer zur rechten Zeit wieder legten. Wenn wir uns wieder begegneten, lächelten wir beide, Stanley etwas schief, und schüttelten einander die Hand. Der Vorfall war vergessen und begraben – bis zum nächstenmal.
Man mag sich darüber wundern, daß ich mich so eng mit einem Jungen anfreundete, der alles in allem ein ziemlich ungeselliger Bursche war. Es fällt mir schwer, eine Erklärung dafür zu geben, und vielleicht versuche ich es am besten gar nicht erst. Mag sein, daß sogar in diesem frühen Alter Stanley mir schon leid tat, weil ich wußte, daß er ein Waisenjunge war, und weil ich wußte, daß sein Onkel ihn wie einen Hund behandelte. Arm waren seine Pflegeeltern auch, viel ärmer als meine Eltern. Ich besaß viele Dinge, Spielsachen, ein Dreirad, Pistolen und so weiter, ganz zu schweigen von den besonderen mir gewährten Privilegien, die Stanley eifersüchtig und neidisch machten. Vor allem ärgerte er sich, wie ich mich erinnere, über die schönen Sachen, die ich trug. Es zählte für ihn nicht, daß mein Vater ein für die damalige Zeit ziemlich wohlhabender Herrenschneider war, der es sich leisten konnte, seinen Marot-

ten zu frönen. Ich selbst war eher verlegen und oft beschämt, daß ich so üppige Hüllen trug, während alle Kinder, mit denen ich verkehrte, praktisch in Lumpen gingen. In diesen Klamotten, die meine Eltern an mir so bezaubernd fanden, sah ich wie ein kleiner Lord Fauntleroy aus, was ich haßte. Ich wollte wie die übrige Bande aussehen, nicht wie so ein Fratz aus der Oberschicht. Und darum machten sich die anderen Kinder hin und wieder über mich lustig, wenn ich an der Hand meiner Mutter vorbeiging, und riefen mich Muttersöhnchen, was mich zusammenzukken ließ. Meine Mutter war gegen diese Sticheleien natürlich unempfindlich und meinen Gefühlen gegenüber auch. Sie glaubte wahrscheinlich, sie tue mir einen großen Gefallen, wenn sie überhaupt darüber nachdachte.

Schon in jenem zarten Alter hatte ich allen Respekt vor ihr verloren. Andererseits schwebte ich jedesmal, wenn ich zu Stanley nach Hause kam und seiner Tante, diesem herrlichen Nilpferd, begegnete, im siebenten Himmel. Ich erkannte es damals nicht, aber was mich so glücklich und frei machte in ihrer Gegenwart, war die Zärtlichkeit, die sie ausströmte, eine Eigenschaft, von der ich nicht wußte, daß man sie von Müttern im Umgang mit ihren Sprößlingen erwartete. Alles, was ich kannte, waren Disziplin, Kritik, Ohrfeigen, Drohungen – so jedenfalls erscheint es mir, wenn ich auf diese Phase meines Lebens zurückblicke.

Meine Mutter zum Beispiel bot Stanley niemals eine große, mit Butter und Zucker bestrichene Scheibe Roggenbrot an, wie Stanleys Tante das tat, wenn ich ihn daheim besuchte. Die Begrüßung meiner Mutter, wenn Stanley kam, hörte sich gewöhnlich so an: «Macht nicht zuviel Krach, und räumt auch wieder auf, wenn ihr mit Spielen fertig seid.» Kein Brot, kein Kuchen, kein freundlicher Klaps hintendrauf, kein «Wie geht's deiner Tante» oder irgend etwas. Fallt bloß nicht lästig, das war das einzige, was sie durch ihr Verhalten zum Ausdruck brachte.

Stanley kam nicht sehr oft zu mir nach Hause, wahrscheinlich weil er die unfreundliche Atmosphäre spürte. Wenn er einmal kam, dann gewöhnlich deshalb, weil ich gerade von irgendeiner Krankheit genas. Ich hatte, nebenbei gesagt, sämtliche Kinderkrankheiten, von Windpocken bis Diphtherie, Scharlach, Keuchhusten, Masern und was es sonst noch gibt. Stanley hatte nie eine Krankheit, von der ich erfahren hätte. Man konnte es sich in einer armen Familie wie seiner nicht leisten, krank zu sein.

Und so spielten wir oft ein Stockwerk tiefer, wo mein Großvater auf einer Bank saß und für meinen Vater, den Herrenschneider eines Geschäfts in der Fifth Avenue, Jacken anfertigte. Wir kamen gut miteinander aus, mein Großvater und ich; ich konnte mich mit ihm besser verständigen als mit meinem Vater. Vergleichsweise war mein Großvater ein gebildeter Gentleman, der ein schönes, makelloses Englisch sprach, das er während seiner zehn Lehrjahre in London gelernt hatte. An Feiertagen, wenn sich alle Verwandten versammelten, war es ein Vergnügen, meinen Großvater die Weltlage, die Politik erörtern zu hören – er war Sozialist und Gewerkschaftler – oder seinen Erzählungen von den Abenteuern zu lauschen, die er als Junge erlebt hatte, als er auf der Suche nach Arbeit durch Deutschland gewandert war. Während Stanley und ich Parchesi oder Domino spielten, oder ein einfaches Kartenspiel, summte oder pfiff mein Großvater die Melodie irgendeines deutschen Liedes vor sich hin. Von seinen Lippen hörte ich zum erstenmal. «Ich *weiß nicht, was soll es bedeuten, daß ich so traurig bin...*» Eines seiner Lieder hieß *«Shoo-fly, don't bother me»*. Er sang es auf englisch und brachte uns immer zum Lachen damit.

Es gab ein Spiel, zu dem wir Spielzeugsoldaten und Kanonen brauchten und das uns in Fieber versetzte; wir brüllten und schrien vor Aufregung, während wir den Feind in Fetzen schossen. Der Radau, den wir machten, schien meinen Großvater niemals zu stören. Er nähte und bügelte einfach weiter seine Jacken, summte vor sich hin und stand ab und zu auf, um zu gähnen und sich zu strecken. Es war Knochenarbeit, den ganzen Tag auf einer Bank zu sitzen und Jacken anzufertigen für meinen Vater, den Herrenschneider. Hin und wieder unterbrach er uns beim Spielen und bat uns, ihm aus der Kneipe an der Ecke einen Krug Lagerbier zu holen. Er bot uns immer einen Schluck davon an,

einen ganz kleinen Schluck, und sagte, das würde uns nicht schaden.
Wenn ich nicht gesund genug war, um mit Stanley zu spielen, las ich ihm aus einem meiner Märchenbücher vor. (Ich konnte lesen, bevor ich zur Schule ging.) Stanley hörte eine Weile zu, und dann verduftete er. Er mochte es nicht gern, wenn man ihm vorlas. In jenem Alter war er kein großer Leser; er war zu gesund für derlei Zeitvertreib, zu ruhelos, zu sehr erfüllt von animalischen Regungen. Was Stanley gefiel, und mir auch, wenn ich mich wohl fühlte, waren rauhe Straßenspiele, und davon kannten wir viele. Wäre Football damals schon die große Leidenschaft gewesen wie heute, hätte er Football-Spieler werden können. Er mochte «Kontakt»-Spiele, bei denen man den andern herumschubste oder flach auf den Arsch setzte. Er gebrauchte auch gern seine Fäuste; wenn er wütend wurde und seine Pranken hochhob, dann immer mit heraushängender Zunge, wie eine Viper. Dieser Angewohnheit wegen biß er sich oft auf die Zunge, was ihn zum Heulen und Zähneknirschen brachte. Die meisten Kinder des Blocks hatten Angst vor ihm, außer einem kleinen jüdischen Jungen, den sein großer Bruder in der mannhaften Kunst der Selbstverteidigung unterwiesen hatte.
Aber meine Gewandung – ich muß schon ein hochgestochenes Wort dafür gebrauchen. Eines Tages, als meine Mutter mit mir zum Arzt ging und mich wieder in irgendeine ausgefallene Tracht gesteckt hatte, pflanzte sich Stanley vor meiner Mutter auf und stieß hervor: «Warum muß er immer die ganzen feinen Sachen kriegen? Warum zieht nicht mal jemand mich so an?» Worauf er den Kopf wegdrehte und ausspuckte. Es war das erste Mal, daß ich meine Mutter weich werden sah. Während wir weitergingen – ich weiß noch, sie trug einen Sonnenschirm –, schaute sie zu mir hinunter und sagte hastig: «Wir werden Stanley etwas Hübsches zum Anziehen besorgen müssen. Was, meinst du, würde ihm wohl gefallen?» Ich war so verblüfft über diese Kehrtwende, daß ich nicht wußte, was ich antworten sollte. Schließlich sagte ich: «Warum besorgst du ihm nicht einen neuen Anzug? Das ist das, was er am nötigsten braucht.»

Ob Stanley den Anzug je bekommen hat, weiß ich nicht mehr. Wahrscheinlich nicht.
Es gab in der Nachbarschaft noch einen anderen Jungen, dessen Eltern es sehr gut ging, und sie putzten ihn ebenfalls immer in großem Stil heraus. Sie ließen ihn gelegentlich sogar eine Melone tragen, und ein Stöckchen dazu. Was für ein Anblick in der armen Gegend! Natürlich, er war der Sohn eines Kongressabgeordneten, und ein verwöhntes Balg obendrein. Alle Kinder machten sich über ihn lustig und verspotteten ihn gnadenlos, stellten ihm ein Bein, wenn sie nur konnten, riefen ihm Schimpfwörter nach, imitierten seinen gezierten Gang und machten ihm auf jede nur mögliche Weise das Leben schwer. Ich möchte wissen, was später aus ihm geworden ist. Es kommt mir vor, als könne aus jemandem, der so anfangen mußte, kaum etwas Gescheites werden.
Zusätzlich zu seinen sonstigen Vorzügen war Stanley auch noch ein guter Lügner und ein Dieb. Er stahl schamlos von den Obst- und Gemüseständen, und wenn er auf frischer Tat ertappt wurde, erfand er eine rührselige Geschichte über seine Familie, die so arm sei, daß er nie genug zu essen bekomme.
Eines der besonderen Privilegien, die ich genoß, und eines, das Stanley nie mit mir teilte, war der Besuch der Vaudeville-Vorstellung an jedem Samstagnachmittag in einem in der Nähe gelegenen Theater namens «The Novelty». Ich war etwa sieben Jahre alt, als meine Mutter beschloß, mich in den Genuß dieses Privilegs zu bringen. Zuvor mußte ich natürlich einige häusliche Pflichten erledigen – Geschirr spülen, den Fußboden schrubben und die Fenster putzen. Dann bekam ich zehn Cent für einen Platz auf der Galerie – «Nigger-Himmel» nannten wir sie. Gewöhnlich ging ich allein, wenn nicht gerade meine kleinen Freunde vom Land zu Besuch bei uns waren.
Obwohl Stanley nie ein Theater von innen zu sehen bekam, kosteten wir beide in der Phantasie das Geschehen auf der Bühne eines nahen Tingeltangels aus, das «The Bum» genannt wurde – ein Name, den es seinem üblen Ruf verdankte. An Samstagabenden inspizierten wir zunächst die

Anschlagtafeln, auf denen die Soubretten in Trikots zu sehen waren, und bezogen dann in der Nähe der Kasse Stellung, in der Hoffnung, ein paar der schmutzigen Witze aufschnappen zu können, welche die Seeleute rissen, während sie nach Eintrittskarten anstanden. Die meisten Witze waren zu hoch für uns, aber den ungefähren Sinn bekamen wir doch mit. Wir waren maßlos neugierig auf das, was da drinnen vor sich ging, wenn die Lichter angingen. Zogen sich die Mädchen wirklich bis zur Taille aus, wie es hieß? Warfen sie ihre Strumpfbänder den Seeleuten im Publikum zu? Nahmen die Seeleute nach der Vorstellung die Mädchen in die nahe gelegene Kneipe mit und machten sie betrunken? Gingen sie mit ihnen ins Bett in den Zimmern über der Kneipe, aus denen immer so herrlich fröhliche Geräusche drangen?

Wir fragten die älteren Jungen in der Straße über diese Dinge aus, bekamen aber selten zufriedenstellende Antworten. Sie erzählten uns gewöhnlich, wir seien noch zu klein, um solche Fragen zu stellen, und dann lachten sie auf höchst bedeutsame Weise. Wir wußten über die Sache mit dem Ficken etwas Bescheid, weil da ein Mädchen namens Jenny war, nur ein winziges bißchen älter als wir, die ihren Körper einem jeden von uns für einen Cent pro Nummer feilbot. Diese Vorstellung fand gewöhnlich in Louis Pirossas Keller statt. Ich glaube nicht, daß einer von uns ihn wirklich in sie hineinbrachte. Bei der bloßen Berührung liefen uns schon Schauer den Rücken hinauf und hinab. Außerdem behielt sie immer eine stehende Position bei, welches nicht die günstigste Position für Anfänger ist. Knirpse die wir waren, bezeichneten wir sie untereinander als Hure. Was nicht bedeutete, daß wir sie schlecht behandelten. Wir bezeichneten damit einfach den Unterschied zwischen ihr und den anderen Mädchen in der Nachbarschaft. Insgeheim bewunderten wir sie für ihre Kühnheit. Sie war ein sehr liebenswertes Mädchen, das recht gut aussah und mit dem es sich leicht reden ließ.

Stanley spielte keine bedeutende Rolle bei diesem Kellerspiel. Er war schüchtern und verlegen, und als Katholik hatte er Schuldgefühle, weil er eine schwere Sünde beging.

Auch als er älter wurde, war er niemals ein Frauenheld, niemals ein Schürzenjäger. Er hatte etwas Strenges, Asketisches an sich. Ich bin überzeugt, daß er niemals mit einem Mädchen ging, bis er der Frau über den Weg lief, die er dann heiratete und der er treu blieb. Selbst als er zur Kavallerie gegangen war und mir lange, vertrauliche Briefe über sein Leben in den Kasernen schrieb, sprach er niemals über Frauen. Die einzigen Fertigkeiten, die er sich in jenen vier Jahren bei Onkel Sam aneignete, waren das Würfeln und das Saufen. Ich werde niemals die Nacht vergessen, als ich ihn nach seiner Entlassung vom Militär in Coney Island traf. Aber davon später ...

Sommerabende in New York oder, wie in unserem Fall, in Brooklyn können wunderbar sein, wenn man ein Kind ist und sich nach Herzenslust auf den Straßen herumtreiben kann. An sehr heißen Abenden setzten wir uns, wenn wir endlich vom, sagen wir, «Räuber- und Gendarm»-Spielen erschöpft waren, auf die unterste der Stufen vor Stanleys Haustür und aßen kaltes Sauerkraut mit kalten Frankfurtern, die er aus dem Eisschrank stibitzte. Wir konnten stundenlang dasitzen und reden, so kam es uns jedenfalls vor.

Obwohl Stanley eher der schweigsame Typ war, mit einem langen, schmalen, im Ausdruck ziemlich strengen Gesicht – etwa in der Art wie Bill Hart, das Cowboy-Idol des Stummfilms –, konnte er auch reden, wenn er in Stimmung war. Mit sieben oder acht war der Mann, der später «Romanzen», wie er sie nannte, schreiben sollte, immer schon erkennbar. Gewiß, er erzählte keine Liebesgeschichten, aber das Ambiente, in dem er seine kleinen Erzählungen ansiedelte, war poetisch, phantastisch und romantisch.

Er war nicht mehr der Straßenjunge, der ständig etwas anstellte, sondern ein Träumer, der sich danach sehnte, seiner engen Umgebung zu entfliehen. Mit Vorliebe sprach er von weit entfernten Gegenden wie China, Afrika, Spanien, Argentinien. Die See übte eine besondere Anziehungskraft auf ihn aus; er wollte Seemann werden, wenn er mündig war, und diese fremden, fernen Länder besuchen. (Noch zehn Jahre, und er würde mir von Joseph Conrad schreiben, sei-

nem Lieblingsautor, der auch Pole war, sich aber entschieden hatte, auf englisch zu schreiben.)
Bei diesen Gesprächen auf den Stufen vor der Tür war er tatsächlich ein anderer Stanley. Er war weicher und sanfter. Manchmal unterbrach er sich, um mir von der Grausamkeit seines Onkels zu erzählen und mir die Striemen auf seinem Rücken zu zeigen, wo ihn der Onkel mit dem Streichriemen für das Rasiermesser geschlagen hatte. Ich erinnere mich, daß er mir erzählte, wie wütend er seinen Onkel damit machte, daß er sich weigerte zu weinen; er biß nur die Zähne zusammen und runzelte die Stirn, ließ aber nie auch nur ein Wimmern heraus. Das war typisch für Stanley. So ging er durchs Leben – er nahm seine Strafe hin, zeigte aber niemals, was er fühlte. Es war von Anfang an ein hartes Leben, und es endete so erbärmlich, wie es begonnen hatte. Selbst seine «Romanzen» waren zum Scheitern verurteilt. Aber ich will mir nicht vorgreifen...
Stanley war in Amerika geboren, besaß aber dennoch viele Merkmale des Einwanderers. Zum Beispiel sprach er niemals Polnisch vor uns, obwohl wir wußten, daß er es daheim tat. Wenn seine Tante ihn vor uns auf polnisch ansprach, antwortete er auf englisch. Er schämte sich, in unserer Gegenwart Polnisch zu sprechen. Eine Spur unterschied sich sein Gebrauch des Englischen von unserem; er verwendete die Gossensprache, in der wir schwelgten, nicht mit der gleichen Unbefangenheit oder Geläufigkeit wie die übrigen Jungen. Er war auch höflicher als wir und zollte Erwachsenen Respekt, wogegen es uns anderen Kindern augenscheinlich Spaß machte, ordinär, respektlos und unbekümmert um unsere Redeweise zu sein. Mit anderen Worten, Stanley besaß gute Manieren, obwohl er gerade so ein Gassenflegel war wie wir. Stanley hatte diese Gewohnheiten nicht aus sich heraus, sie waren ein Ergebnis dessen, daß er von Menschen aus der Alten Welt erzogen wurde. Diesen Hauch von Raffinement an ihm fanden wir, seine Freunde, etwas komisch, aber wir wagten nie, ihn deswegen zu verspotten. Stanley konnte es nicht nur mit den besten von uns aufnehmen, er verbreitete auch, wie ich schon sagte, Furcht und Schrecken, wenn man ihn reizte oder beleidigte.

Es gab noch etwas anderes an Stanley, das ich erwähnen sollte – seine Eifersucht. Während ich noch in derselben Nachbarschaft wohnte, lernte ich zwei Jungen meines Alters kennen, die, wie wir es nannten, auf dem Lande wohnten – in Wirklichkeit war es ein Vorort von Brooklyn.
Hier und da luden meine Eltern diese Jungen zu uns ein; später besuchte ich dann auch sie – «auf dem Land». Joey und Tony hießen sie. Joey wurde bald einer meiner engen Freunde. Stanley hatte aus diesem oder jenem Grund für meine neuen Freunde nicht viel übrig. Zuerst machte er sich über sie lustig, weil sie sich anders benahmen als wir. Er behauptete, sie seien dumm und zu naiv – Bauerntölpel, mit andern Worten. In Wahrheit war er eifersüchtig, besonders auf Joey, für den ich große Zuneigung empfand, und das spürte er. Es war, als seien Stanley und ich Blutsbrüder und als habe niemand das Recht, zwischen uns zu treten. Es stimmte natürlich, daß es keinen anderen Jungen in der Nachbarschaft gab, für den ich solche Gefühle hatte wie für Stanley. Seine einzigen Rivalen waren ältere Jungen, die ich als meine Idole ansah. Ich war ein Heldenanbeter, ein geborener Heldenanbeter, ohne Zweifel. Und ich bin es noch immer, Gott sei Dank. Nicht so Stanley. Ob er zu halsstarrig war, zu stolz, sein Haupt zu beugen, oder nur schlicht eifersüchtig, ich weiß es nicht zu sagen. Er hatte einen Blick für die Fehler und Schwächen anderer und war ziemlich gut darin, lächerlich zu machen und zu verunglimpfen, wen er nicht mochte. Alle seine Bemühungen waren umsonst, wo es um meine Idole ging. Für mich waren meine Idole, einerlei was irgend jemand sagte, aus purem Gold. Ich sah nur ihre Tugenden; wenn sie Mängel besaßen, so war ich dafür blind. Es mag ziemlich lächerlich klingen, aber ich glaube, ich sehe die Dinge heute noch ganz genauso. Noch immer betrachte ich Alexander den Großen und Napoleon als außergewöhnliche Gestalten, als Männer, die man, welche Fehler sie auch hatten, bewundern muß. Ich denke noch immer voller Ehrfurcht an Gautama Buddha, Milarepa, Ramakrischna, Swami Vivekananda. Ich verehre noch immer solche Schriftsteller wie Dostojewskij, Knut Hamsun, Rimbaud, Blaise Cendrars.

Es gab einen älteren Jungen, in dem ich nicht einen «Helden» erblickte wie in den anderen, sondern eher einen Heiligen – nicht einen heiligen Augustinus oder heiligen Bernhard, sondern einen heiligen Franziskus. Das war Johnny Paul, ein in Sizilien geborener Italiener. Bis zum heutigen Tage denke ich an Johnny Paul mit der größten Zärtlichkeit, bisweilen – um aufrichtig zu sein – mit Tränen in den Augen. Er muß acht Jahre älter gewesen sein als Stanley und ich, was nach der Zeitrechnung der Kindheit eine Menge ist. Soweit ich mich erinnere, lebte er vom Kohlenaustragen. Er hatte eine dunkle Gesichtshaut, mit buschigen Brauen über zwei dunklen, glänzenden Augen, die glühten wie heiße Kohlen. Seine Kleidung war immer schmutzig und zerlumpt und sein Gesicht mit Ruß bedeckt, aber innen war er rein, rein wie ein Engel. Was mich an ihm überwältigte, war seine Zärtlichkeit, seine sanfte, melodische Stimme. Allein die Weise, wie er sagte: «Hallo, Henry, wie geht's dir heute», brachte mich zum Schmelzen. Es war die Stimme eines mitfühlenden Vaters, der alle Kinder Gottes liebte.
Selbst Stanley erlag seinem Zauber, der nichts weiter war als ein zutiefst gutes Wesen und eine Demut, die vollkommen lauter war. Stanley mochte an ihm sogar, daß er ein «Spaghetti» war, während er Louis Pirossa und einige der anderen «Spaghetti» seiner Aufmerksamkeit nicht für wert befand.
Wenn man sieben oder acht Jahre ist, kann ein älterer Junge im Leben eine wichtige Rolle spielen. Er ist ein Vater, ohne Vater zu sein; er ist ein Gefährte, ohne Spießgeselle oder Kumpan zu sein; er ist Erzieher, ohne wie ein Lehrer Verbote im Munde zu führen; er ist Beichtvater, ohne Priester zu sein. Er kann den Charakter eines Jungen formen oder ihm sozusagen den Weg weisen, ohne aufdringlich, wichtigtuerisch oder salbungsvoll zu sein. All dies war uns Johnny Paul. Wir beteten ihn an, wir hingen an seinen Lippen, wir gehorchten ihm und wir vertrauten ihm. Ich wünschte, daß wir dasselbe von unseren richtigen Vätern, unseren richtigen Lehrern, unseren richtigen Priestern und Ratgebern hätten sagen können!

Wenn wir in der Abendkühle auf den Stufen vor der Haustür saßen, zerbrachen Stanley und ich uns oft den Kopf, weil wir uns nicht erklären konnten, warum Johnny Paul so anders war als die übrigen jungen Männer seines Alters. Wir wußten, daß er keine Schulbildung genossen hatte, daß er nicht lesen und schreiben konnte, daß seine Eltern sehr bescheidener Herkunft, daß sie sozusagen niemand waren, aber auch kein Gesindel. Woher hatte er seine guten Manieren, seine Freundlichkeit, seine Vornehmheit, seine Langmut? Denn vor allem anderen war Johnny Paul ein toleranter Mensch. Er achtete den Schlechtesten unter uns genauso wie den Besten; er begünstigte niemanden. Was für eine große, große Sache das ist, besonders wenn man unter engstirnigen, voreingenommenen, bigotten Personen aufwächst, wie es die meisten unserer Eltern waren, einschließlich des scheinheiligen Evangelienpredigers, des alten Ramsey, der bei Stanley nebenan wohnte und ihn manchmal mit einer Pferdepeitsche die Straße hinunterjagte.

Nein, man lehrte uns nicht etwa, solch schlichte Seelen wie Johnny Paul zu bewundern oder gar zu verehren. Wie interessant, daß ein kleiner Junge herausfinden kann, worin die wahren Qualitäten eines Menschen bestehen, während seine Eltern und Lehrer nur das Falsche gelten lassen. Ich kann der Versuchung nicht widerstehen, bei diesem Thema zu verweilen, weil ich mein ganzes Leben lang geglaubt habe, daß Kinder Erwachsenen mehr beizubringen haben als umgekehrt. Der Mensch, der niemals mit Kindern zu tun gehabt hat, ist ein geistiger Krüppel. Denn Kinder schließen uns nicht nur das Herz auf, sondern auch den Verstand. Nur durch sie, nur indem wir die Welt mit ihren Augen sehen, können wir erfahren, was Schönheit und Unschuld sind. Wie schnell zerstören wir ihre Sicht der Welt! Wie schnell verwandeln wir sie in Abbilder von uns kurzsichtigen, erbärmlichen, ungläubigen Erwachsenen! Für mich liegt die Wurzel allen Übels in unseren Eltern, unseren älteren Angehörigen. Und ich meine nicht bloß schlechte Eltern, unwissende Eltern: ich meine Eltern allgemein, alle Eltern. Johnny Paul öffnete mir die Augen; nicht Jesus, nicht Sokrates, nicht Buddha. Was für ein Geschenk er uns gemacht

hatte, begriff ich natürlich erst viele Jahre danach, als es
zu spät war, um ihm zu danken.
Da Stanleys Eltern es sich nicht leisten konnten, ihm das
für seine kleinen Luxuskäufe nötige Taschengeld zu geben, verschaffte sich Stanley einen Job als Laufjunge für
Mrs. O'Melio, die kleine alte Dame, die Katzen liebte. Sie
galt bei den Nachbarn als nicht ganz richtig im Kopf oder
exzentrisch, weil sie zwischen fünfunddreißig und vierzig
Katzen auf dem flachen Blechdach über dem Stall des Tierarztes hielt. Von meinem Fenster im dritten Stock aus konnte ich zusehen, wie sie dieses buntgemischte Katzensortiment zweimal am Tag fütterte. Ich teilte nicht die Meinung meiner Eltern, die sie als Spinnerin bezeichneten; ich
betrachtete sie als eine gute Seele. Ich war davon noch mehr
überzeugt, als sie Stanley fragte, ob er ihre Besorgungen
erledigen wolle, sie würde ihm einen Dollar in der Woche
dafür geben. Ich wußte, sie tat das, weil sie Stanley helfen
wollte. Ich hätte gewünscht, jemand würde mir einen solchen Job anbieten; ich sehnte mich danach, etwas Nützliches zu tun. Ich benötigte das zusätzliche Geld nicht, weil
meine Eltern dafür sorgten, daß ich alles hatte, was ich
brauchte. Es machte mich verlegen und beschämte mich,
daß ich alles haben sollte, was ich mir nur wünschte, während meinen Gefährten alles außer dem Unentbehrlichsten
fehlte. Nacheinander verschenkte ich meine Spielsachen an
die Kinder, die danach verlangten. Als ich schließlich die
wunderschöne Trommel verschenkte, die ich von meinen
Eltern zum Geburtstag bekommen hatte, wurde ich streng
bestraft. Ja, ich wurde tief gedemütigt. Meine Mutter hatte
es sich in den Kopf gesetzt, einige der schönen Spielsachen,
die ich verschenkt hatte, zurückzuholen. Was machte sie
also? Sie packte mich am Ohr, zog mich hinter sich her zu
den Wohnungen meiner Freunde und ließ mich die Sachen
zurückfordern. Sie sagte, das werde mich lehren, meine Geschenke nicht einfach fortzugeben. Wenn ich alt genug sei,
um mir meine Sachen selbst zu kaufen, könne ich ja verschenken, was ich wolle. Geschenke kosteten Geld, das solle
ich mir gefälligst merken. Ich habe mir ihre Worte tatsächlich gemerkt, aber nicht in ihrem Sinn.

Ich unternahm ein paar schwache Versuche, Arbeit zu finden, aber ohne Erfolg. Wozu ich denn arbeiten wolle, fragten meine prospektiven Arbeitgeber. Deinen Eltern geht es doch gut, oder? Worauf ich den Kopf hängen ließ und davonschlich. In Wahrheit wollte ich gar nicht arbeiten, ich wollte es nur Stanley gleichtun. Um ehrlich zu sein, ich haßte Arbeit. Alles was ich wollte, war spielen. Wenn ich die Mittel dazu gehabt hätte, ich glaube, ich hätte mein ganzes Leben im Spiel verbringen können. Ich hatte niemals dieses Verlangen, mir ehrlich meinen Lebensunterhalt zu verdienen, das angeblich jeder hat. Ich war mit einem silbernen Löffel im Mund geboren, und ich wollte ihn drinbehalten. Ich hielt mich damals nicht für einen verwöhnten Bengel, und ich glaubte auch nicht, wie ich es später tat, daß die Welt mir meinen Lebensunterhalt schuldig war. Es war ein unsanftes Erwachen, als ich begriff, daß sie mir nichts schuldete.

Das Spielen auf der Straße hatte zuweilen düsterere Seiten, als man sich vielleicht vorstellt, wenn man an kindliche Vergnügungen denkt. Eine unserer größten Wonnen war es, auf Raubzug zu gehen und sozusagen Tod und Zerstörung zu bringen. Stanley war glücklicherweise der Anführer, weil anscheinend nur er es verstand, uns bei unseren Verwüstungen irgendwann Einhalt zu gebieten. Stanley konnte auch die Wildesten unter uns lenken und zügeln, und ich muß sagen, das war keine Kleinigkeit, denn manche in der Bande hatten wahrhaft mörderische Instinkte.

Einer von ihnen war ein rotznäsiger Bursche namens Alfie Melta, dessen Alter Polyp war. Dieser Junge hatte etwas Satanisches an sich. Er war absolut hirnlos und besaß kein Sprachvermögen. Er war leicht schwachsinnig und eine Spur bösartig in seinem Wesen. Er war nicht verrückt wie Willie Payne und auch kein Halbidiot wie Louis Pirossa. Er war ein ausgemachter Trottel, der den Mund nur aufmachte, um wüste Flüche und unflätige Beschimpfungen auszustoßen. Er konnte lügen wie ein Kavallerist, wenn nötig falsche epileptische Anfälle zum besten geben, nach Belieben einen Koller bekommen, und er war ein absoluter Draufgänger und ein Schleicher, eine Ratte und ein Feigling obendrein. Wenn er etwas ausdrücken wollte, was immer es war, zuckten die Muskeln in seinem Gesicht, und seine Augen rollten wie Würfel im Becher. Er konnte alles in eine Waffe verwandeln, sogar einen Zahnstocher. Er besaß den Scharfsinn und die Findigkeit eines tüchtigen Ganoven. Er liebte den Anblick von Blut; sogar wenn es sein eigenes Blut war, stimmte es ihn fröhlich.

Das Gegenstück zu ihm und eine wunderbare Stütze bei unseren Streifzügen war Sylvester, der Sohn eines Ziegelträgers, der ewig auf Zechtour zu sein schien. Der Name paßte vortrefflich zu ihm – er hatte einen engelhaften Klang. Es war ein Name, den man streichelte, indem man ihn aussprach. Er sah wie die Unschuld selbst aus, wie ein Cherub von Fra Angelico, ein Cherub, der soeben aus den Armen Jesu oder der Jungfrau Maria gesprungen ist. Diese schönen Veilchenaugen! Diese reizenden goldenen Lokken! Dieser helle Teint mit nur einem Hauch von Rosa auf den Wangen! Die Frauen in der Nachbarschaft beteten ihn an, sie tätschelten ihm den Kopf, schenkten ihm Bonbons und Süßigkeiten aller Art. Und er redete auch wie ein kleiner Engel – Teufel, der er war. Wenn er ein Kompliment oder ein Geschenk entgegennahm, senkte er immer seine großen veilchenfarbenen Augen mit den langen, gebogenen Wimpern und errötete. Fürwahr, diese anbetenden Mütter ahnten nicht, mit was für einem Ungeheuer sie sich abgaben.

Sylvester war «cool», wie wir heute sagen. Er war nie aufgeregt, nie verstört, nie kleinlaut, und er litt nie unter Reue oder Gewissensbissen. Es war Sylvester, dem die gefährlichen Aufgaben anvertraut wurden; es war Sylvester, der die Kirche ausraubte; es war Sylvester, der falschen Alarm schlug; Sylvester, der zum Spaß Kinderwagen umkippte; Sylvester, der die Blinden bestahl; Sylvester, der Läden in Brand setzte. Es gab nichts, was Sylvester nicht tat, wenn er Lust dazu hatte. Der Unterschied zwischen ihm und Alfie Melta bestand darin, daß Sylvester es wie ein Künstler betrieb. Seine Teufeleien waren samt und sondern *actes gratuits*. Doch so schlau er auch war, er sollte in der Strafanstalt landen, noch bevor er mündig war.

Sylvesters Taten erwuchsen aus purer, eiskalter Bosheit. Alfie Melta dagegen war heißblütig, ungestüm und leichtsinnig. Er hatte nicht genug Hirn, um sich etwas im voraus auszurechnen. Er wollte etwas passieren sehen, etwas Spektakuläres, einerlei mit welchem Risiko es verbunden war. Er landete in einer Besserungsanstalt, noch bevor er dreizehn geworden war.
Wie es kam, daß Stanley diese kleinen Ungeheuer lenken und zügeln konnte, wußte ich mir nie zu erklären. Vielleicht weil sie ihn fürchteten, vielleicht weil sie ihn bewunderten. Denn Stanley besaß selbst einige ihrer niedrigeren Eigenschaften. Etwas von der Brutalität, die sein Onkel ihm gegenüber an den Tag gelegt hatte, mußte er an anderen auslassen. Etwas von der Erniedrigung, der er täglich daheim ausgesetzt war, mußte er wiederum anderen zufügen.
Nein, Stanley war alles andere als ein Engel. Er war ein guter Kerl, der immer den kürzeren zog. Er mußte anderen etwas von der Scheiße, in der er steckte, unter die Nase reiben. Sein weiches junges Herz begann bereits zu verbittern.
Am besten war Stanley, wenn er uns bei unseren Überfällen auf feindliches Territorium anführte. In jedem armen Wohnviertel gibt es Fehden zwischen der einen und der andern Seite. In unserm Fall war es ein ewiger Krieg zwischen Northside und Southside. Wir gehörten zur Northside, was so viel bedeutete, wie auf der falschen Seite der Bahngleise zu stehen. Wir machten uns einen Spaß daraus, in die protzige Southside einzufallen, ein paar hilflose Muttersöhnchen zu vertrimmen und mit einigen Gefangenen zurückzukehren, die wir nach bestem Können folterten. Mit Foltern meine ich nicht, daß wir ihnen die Nägel ausrissen oder sie in Stücke schnitten; wir begnügten uns damit, ihnen die Kleider vom Leib zu stehlen oder in Fetzen zu reißen, ihre Taschenmesser und Uhren zu kassieren, wenn sie welche hatten, sie unter dem Feuerhydranten zu durchnässen, ihnen eine blutige Nase oder ein blaues Auge zu verpassen und so weiter. Alfie Melta mußte immer zurückgehalten werden, weil er so gern Blut sah. Ein großer Coup

war, einem Southside-Jungen sein Fahrrad abzunehmen. Das größte Vergnügen bei diesen Eskapaden bestand darin, die andere Seite abgerissen und brüllend wie Zweijährige heimzuschicken.
Die meisten Jungen in unserer Bande waren katholisch und wurden in eine katholische Kirche auf der Northside geschickt. Obwohl meine Eltern keine Religion praktizierten, bestanden sie darauf, mich in eine presbyterianische Kirche auf der Southside zu schicken, die von einem wohlhabenden englischen Geistlichen geleitet wurde. Ich mußte oft Spießrutenlaufen auf dem Weg zur Kirche und zurück. Da ich hell im Kopf und ordentlich gekleidet war und aus einer guten Familie kam, betrachteten mich die Gemeindemitglieder wie einen kleinen Engel. Dafür daß ich den 23. Psalm auswendig aufsagte, bekam ich eine kleine Bibel mit Goldschnitt geschenkt oder vielmehr ein Neues Testament, auf dessen Einband in goldenen Lettern mein Name geprägt war. Ich habe keinem von unserer Bande je diese Ehrengabe zu zeigen gewagt – außer Stanley. Stanley war verwundert über die Verleihung eines solchen Geschenks. In seiner Kirche, sagte er, dürfe niemand anders als der Priester die Bibel lesen. Die Katholiken gingen auch nicht zur Sonntagsschule, nur zur Messe und das zu einer unmenschlichen Zeit. Wie das denn sei in der Sonntagsschule, wollte er wissen. Ich versuchte, es ihm zu erklären, aber er schüttelte nur den Kopf. «Deines ist keine Kirche», sagte er, «das ist mehr wie ein Kindergarten.»
Eines Tages erzählte ich ihm, daß ich im Souterrain der Kirche ein Lichtspiel gesehen hatte. «Was ist das?» fragte er. Ich erklärte einfach, was ich auf der Leinwand gesehen hatte. «Ein Schlitzauge, ein Chinese, der über die Brooklyn-Brücke spaziert.» – «Und was noch?» sagte Stanley. Ich gestand, das da nicht viel mehr zu sehen gewesen war. Stanley schwieg einen Augenblick, dann sagte er: «Das glaube ich nicht.» Um die Wahrheit zu sagen, ich glaubte es selbst kaum, obwohl ich es mit meinen eigenen Augen gesehen hatte. Der Superintendent, auch er ein Engländer, der immer einen Cut und eine gestreifte Hose trug, hatte uns erklärt, ein Mann namens Thomas Edison habe diesen wun-

derbaren Laufbildapparat erfunden, und wir könnten uns sehr glücklich schätzen für das Privileg, einen der ersten zur Aufführung freigegebenen Filme gesehen zu haben. Er sprach von der «stummen Leinwand», eine Wendung, die mich aus einem unerfindlichen Grund tief beeindruckte. Für Stanley jedenfalls war dies einer der Unterschiede zwischen seiner Kirche und meiner – daß man ohne Geld im Souterrain Lichtspiele sehen konnte.
Vielleicht hätten wir niemals über Religion diskutiert, Stanley und ich, wäre da nicht dieses Schlitzauge gewesen, das über die Brooklyn-Brücke spazierte. Nun kam zu den übrigen tiefgründigen Themen, über die wir des Abends auf den Stufen vor seiner Haustür diskutierten, auch noch die Sache mit der Religion hinzu. Ob wir zur Beichte gingen, wollte er wissen. Was wußte ich von der Jungfrau Maria? Glaubte ich an Teufel und Engel? Wer hatte die Bibel geschrieben, und warum durfte er sie nicht lesen? Hatte ich Angst, eines Tages in die Hölle zu kommen? Ging ich zur Kommunion? Ich gestand, daß ich nicht wußte, was Kommunion war. Er war verblüfft. Ich bat ihn, es mir zu erklären, aber alles, was er sagen konnte, war, daß es so sei, als ob man Christus lebendig esse und sein Blut trinke. Der Gedanke, Blut zu trinken, erregte mir Übelkeit. Aber Stanley beruhigte mich schnell, es sei nur nachgemachtes Blut – einfach irgendein roter Wein, den der Priester zuerst segnete. Ich gewann den Eindruck, daß Katholiken ein sonderbarer Menschenschlag waren, so etwas wie kultivierte Wilde.
Er erzählte mir von einem Onkel, der irgendwo in New Jersey wohnte und Priester war. «Er kann nicht heiraten», sagte Stanley. «Warum nicht?» fragte ich. «Weil er Priester ist. Es ist eine Sünde für einen Priester zu heiraten.» – «Unser Pfarrer ist verheiratet», sagte ich, «und hat Kinder.» – «Er ist kein Priester, deswegen», sagte Stanley. Ich verstand nicht, warum es eine solche Sünde für Priester war zu heiraten. Stanley bot eine Erklärung an. «Weißt du, ein Priester darf sich keiner Frau nähern», begann er. Er meinte, «mit ihr schlafen». «Ein Priester gehört Gott; er ist mit der Kirche verheiratet. Frauen sind eine Versu-

chung für einen Priester.» – «Auch gute Frauen?» fragte ich naiv. «Alle Frauen», sagte Stanley mit Nachdruck. «Frauen führen uns in Versuchung.» Ich verstand nicht ganz, was dieses Wort Versuchung besagte. «Weißt du», sagte Stanley, «wenn ein Priester mit einer Frau ins Bett ginge, würde sie ein Kind bekommen, und das Kind wäre ein Bastard.» Das Wort Bastard kannte ich, ich hatte es oft benützt, wenn ich einen Kameraden mit Schimpfwörtern belegte. Aber dieser Bastard war eine neue Art Bastard für mich. Ich quetschte Stanley nicht weiter darüber aus, weil ich nicht vollkommen ahnungslos erscheinen wollte. Ich begann zu begreifen, daß Stanley eine Menge mehr über Religion wußte als ich, wenn ich auch den 23. Psalm auswendig aufsagen konnte.

Stanley war nicht nur erfahrener als ich, er war auch der geborene Skeptiker. Er öffnete mir die Augen und brach mir fast mein kleines Herz, indem er mich davon in Kenntnis setzte, daß es keinen Weihnachtsmann gibt. Es bedurfte einiger Erläuterungen, bis ich davon überzeugt war. Ich gehörte zu der Sorte, die alles glaubt: je unmöglicher es war, um so schneller glaubte ich es. Ich hätte einen geeigneten Schüler für den heiligen Thomas von Aquin abgegeben. In den protestantischen Kirchen jedoch war nicht viel von Heiligen die Rede. (Vielleicht weil die Heiligen im Grunde so sündige Burschen waren?) Wie ich schon erwähnt habe, konnte Stanley mit Märchen nicht viel anfangen; er zog die Wirklichkeit vor. Ich schwärmte für Märchen, besonders für die grausigen, einschüchternden, von denen ich Alpträume bekam. Später im Leben sehe ich mich zur öffentlichen Bibliothek an der Fifth Avenue marschieren und Tag um Tag die Märchen aus jedem Land der Welt lesen.

Rund ein Jahr später prügelte mir Stanley gleichsam einen weiteren Mythos aus dem Kopf, und zwar den, daß Störche die kleinen Kinder bringen. Ich hatte nie viel über dieses Thema nachgedacht, denn Babies sind nicht sonderlich interessant für kleine Jungen. Als ich Stanley fragte, woher sie kämen, sagte er: «Aus dem Bauch der Mutter.» Dies klang für mich absolut unglaubhaft. «Wie sollen sie denn

da rauskommen?» höhnte ich. Das wußte Stanley nicht zu beantworten. Er verfiel nicht auf den Gedanken, daß Babies aus dem kleinen Spalt zwischen den Beinen herauskamen, den wir bei Jenny Payne gesehen hatten. Er war sich auch nicht sicher, wie sie gemacht wurden. Alles, was er darüber sagen konnte, war, es habe damit zu tun, daß die Eltern zusammen schliefen. Es ist, wenn man darüber nachdenkt, gar nicht so verwunderlich, daß sein kleines Hirn die Verbindung zwischen Babies und dem Zusammen-Schlafen nicht herstellen konnte. Viele primitive Völker haben die Verbindung ebenfalls nicht hergestellt. Jedenfalls war nun ausnahmsweise einmal ich skeptisch. Ich dachte daran, meine Mutter zu fragen, aber dann wußte ich schon im voraus, daß sie eine solche Frage niemals beantworten würde. Sie konnte mir nie etwas beantworten, was mich zutiefst interessierte. Ich lernte bald, zu Hause keine Fragen zu stellen ... Ich hatte das Gefühl, Johnny Paul könnte die Antwort wissen oder sogar Jenny Payne, aber ich war zu scheu, ihnen mit solch einer Frage zu kommen.
Jenny Payne ... Jenny hatte einen Bruder, bei dem eine Schraube locker war. Alle Welt nannte ihn «Crazy Willie». Er war ein großer, schlaksiger, spindeldürrer Idiot von rund fünfzehn Jahren, dessen Sprache sich auf ungefähr ein Dutzend Wörter beschränkte, der aber ständig hochmütig lächelte. Er war natürlich ein ganz schönes Problem für die Familie, da man ihn ja nicht ständig im Auge behalten konnte. Wenn er auf die Straße wanderte, wurde er unbarmherzig gepeinigt. Es galt als guter Scherz, die Hilflosigkeit eines Tölpels wie Crazy Willie auszunützen. Stanley verteidigte den armen Kerl immer. Warum, verstand keiner. Stanley konnte ihn besänftigen, wenn er Amok zu laufen drohte; er war imstande, sich mit ihm zu unterhalten. Manchmal brachte er Willie eine Scheibe Roggenbrot mit Butter und Marmelade darauf, die Willie dann in zwei großen Bissen hinunterschlang. Willie bildete sich oftmals ein, er sei ein Pferd, und benahm sich dann zu unserer großen Belustigung auch wie ein Pferd. Er senkte den Kopf und schnaubte und wieherte, genau wie ein richtiges Pferd, oder er galoppierte und wedelte mit seinem imaginären

Schweif. Gelegentlich ließ er einen kolossalen Furz fahren, worauf er eine Pirouette drehte, sich dann aufbäumte und mit den Vorderhänden in die Luft schlug. Seine Eltern waren gutmütige Leute und brachten es nicht übers Herz, ihn wegzugeben. In jenen Tagen waren die Irrenanstalten genauso zum Bersten voll wie heute. Viele, die dort hingehört hätten, liefen auf der Straße herum oder wurden zu Hause eingesperrt gehalten. Auch in unserer eigenen ehrbaren Familie hatten wir einige verrückte Exemplare, darunter die Mutter meiner Mutter.
Eines der ernsten Probleme, vor die sich Willies Eltern gestellt sahen, war, wie sie ihn am öffentlichen Masturbieren hindern konnten. Der Drang, eine Vorstellung zu geben, überkam Willie gewöhnlich gegen sechs Uhr abends. Willie stellte sich dann meist auf einen schmalen Sims draußen vor seinem Fenster, ein Stockwerk hoch über der Straße. Plötzlich öffnete er die Hose und holte seinen Schwanz heraus, der nicht von schlechter Größe war, und begann, unter ekstatischem Grinsen und ein paar unverständlichen Ausrufen, zu wichsen, als ginge es um sein liebes Leben. Um diese Zeit war die Straßenbahn, die durch unsere Straße fuhr, gedrängt voll mit Arbeitern auf dem Heimweg. Im Sommer war es ein offener Wagen mit Trittbrettern an beiden Seiten. Wenn der Fahrer Willie seine Possen vorführen sah, hielt er den Wagen an, und die Fahrgäste brüllten und winkten Willie in großer Heiterkeit zu. Bald versammelte sich eine Menschenmenge, und die Polizei wurde gerufen. Willie hatte keine Angst vor der Polizei, aber seine Eltern. Nach einem Zwischenfall dieser Art errötete Jenny Payne und senkte den Kopf, wenn sie an uns vorüberging. Was Willie betraf, so drohte ihm schlimmstenfalls eine ordentliche Tracht Prügel von seinem Alten. Bis zum nächstenmal ...
Bald ziehe ich jetzt in eine andere Nachbarschaft um. Stanley wird für eine Weile aus meinem Leben verschwinden – aber er wird wiederkehren, in anderer Maske.
Das neunte Jahr meines Lebens naht und mit ihm das Ende meines ersten Paradieses auf Erden. Nein, des zweiten Paradieses. Mein erstes war im Leib meiner Mutter, wo ich

mit aller Kraft auf ewig zu bleiben suchte, aber schließlich siegte die Zange. Es war eine wunderbare Zeit im Mutterleib, und ich werde sie nie vergessen. Ich hatte *fast* alles, was man verlangen konnte – *außer Freunden*. Und ein Leben ohne Freunde ist kein Leben, wie behaglich und gesichert es auch sein mag. Wenn ich Freunde sage, meine ich *Freunde*. Nicht irgendwer, nicht jeder kann dein Freund sein. Es muß jemand sein, der dir so nah ist wie deine Haut, jemand, der deinem Leben Farbe, Dramatik, Bedeutung verleiht. Irgend etwas jenseits der Liebe, das dennoch Liebe mit einschließt.

Darum schreibe ich dieses Buch – um von den Freundschaften zu erzählen, die mir so viel bedeuteten. Es ist mir bewußt, daß ich manche dieser Beziehungen schon früher, in anderen meiner Bücher, gestreift habe. Ich berichte von ihnen nun erneut und auf andere Weise – nicht als der Solipsist, der zu sein ich oft beschuldigt werde, sondern als *ein Freund*. Der Unterschied zwischen dem Paradies des Mutterleibes und diesem anderen Paradies der Freundschaft liegt darin, daß man im Mutterleib blind ist. Ein Freund stattet einen mit tausend Augen aus, wie die Göttin Indra. Durch seine Freunde lebt man ungezählte Leben. Man sieht in anderen Dimensionen. Man lebt, das Obere nach unten und das Innere nach außen gekehrt. Man ist niemals allein, wird niemals allein sein, auch wenn der letzte der Freunde vom Angesicht der Erde verschwunden ist.

Der deutsche Physiker Fechner hat gesagt, daß wir drei Leben leben: eines im Mutterleib, eines in der Welt und ein weiteres im Jenseits. Er übersah die vielfältigen Leben, die wir in anderen und durch andere, wegen anderer leben. Sogar im Gefängnis leben wir nicht ganz abgesondert. War es Sokrates, der gesagt hat: «Wer da allein leben wollte, müßte ein Gott sein oder ein wildes Tier»?

Einmal habe ich geschrieben, ich sei auf der Straße geboren und auf der Straße großgezogen worden. Da sprach ich von dem glorreichen 14. Bezirk, den ich bald für «die Straße der frühen Leiden» aufgeben soll. Heute stelle ich mir lieber vor, daß wir, die wir in der Straße gelebt ha-

ben, wir, für die die Straße alles war, diese Straßen, diese Wohnungen, ja sogar die Atmosphäre, die wir atmeten, erschaffen haben. Wir kamen nicht in eine fertige Welt: wir haben uns unsere Welt erfunden. Ich kann sie nicht verlassen, ohne ihr noch einmal zu huldigen.
Bis ich nach Frankreich ging, begriff ich nie, warum ich dieser kleinen Welt meiner Kindheit so verbunden war. In Paris entdeckte ich ein Ebenbild jenes Mikrokosmos, den man den 14. Bezirk nennt. In den armen Vierteln von Paris, in denen ich so manchen Tag und Monat ohne Freunde und ohne Geld umherwanderte, sah ich rings um mich her die Bilder meiner Kindheit, jener Tage, als ich ein verwöhnter Bengel war. Wieder sah ich Krüppel, Betrunkene, Bettler, Idioten sich in den Straßen herumtreiben. Wieder fand ich Freunde armer und bescheidener Herkunft, wahre Freunde, die mir viele Male das Leben retteten. Wieder fühlte ich mich in einer Welt von menschlichen Proportionen, in einem humanen Mikrokosmos, der meinem Geschmack entsprach. Dort in Paris, in seinen schäbigen, schmutzigen, von Leben strotzenden Straßen, erlebte ich die schillernden Szenen meiner Kindheit wieder.
Es ist so schwer zu glauben, daß auch die Armut ihre glanzvolle Seite haben kann. Ich erinnere mich an niemanden in jener alten Nachbarschaft, den ich für wohlhabend hielt, außer dem Hausarzt und dem Geistlichen unserer Presbyterianerkirche. Die Ladeninhaber hatten wahrscheinlich ein ordentliches Einkommen, aber sie waren bestimmt nicht reich. Niemand besaß ein Automobil, weil derlei Tiere damals noch nicht existierten oder, wenn sie existierten, zu einem anderen Planeten gehörten.
Wenn ich mir diese Straßen jetzt vorstelle, dann liegen sie gewöhnlich in hellem Sonnenschein. Überall leuchtende Markisen, Sonnenschirme, Fliegen und Schweiß. Niemand rennt oder schiebt und drängt. Der Wind in den Straßen hat sich gelegt, sie flimmern in der Hitze und riechen leicht nach faulenden Früchten. Beim Tierarzt wird ein Hengst auf die Erde gezwungen und bekommt die Eier abgeschnitten. Ich rieche das verbrannte, versengte Fleisch. Die Hütten, die schon im Verfall begriffen sind, scheinen zu zer-

fließen. Aus ihnen treten Zwerge und Riesen hervor, oder kleine Ungeheuer auf Rollschuhen, die heranwachsen, um Politiker oder Verbrecher zu werden, wie der Würfel gerade rollt. Das Brauereifuhrwerk mit seinen mächtigen Bierfässern wirkt gigantisch. Es gibt keine Wolkenkratzer, keine Hochhäuser. Der Bonbonladen ein paar Häuser neben uns stammt aus einem Roman von Charles Dickens, und die alten Jungfern, die ihn betreiben, auch. Mrs. O'Melio bewegt sich inmitten ihrer achtunddreißig Katzen jeglicher Sorte und Schattierung mit einer großen Futterschüssel in der Hand. Es gibt zwei Toiletten in unserem Haus: die eine im Garten ist nur ein schlichtes, altmodisches Scheißhaus. Die andere befindet sich oben in unserem Stockwerk und hat fließendes Wasser und einen Docht, der in einer kleinen Schale mit süßem Öl schwimmt, zur Beleuchtung, wenn es dunkel ist. Mein Schlafzimmer ist nur eine Zelle mit einem einzigen Fenster, das auf den Korridor hinausgeht. Davor ist zum Schutz ein Eisengitter angebracht, und zwischen den Eisenstäben hindurch kommen die meisten meiner Alpträume – in der Gestalt eines riesigen Bären oder eines fürchterlichen Ungeheuers aus Grimms Märchen. Nach dem Abendessen trocknete mein Vater immer das Geschirr ab, das meine Mutter im Becken spülte. Eines Abends muß er etwas Kränkendes zu ihr gesagt haben, denn plötzlich gab sie ihm mit ihren nassen Händen eine schallende Ohrfeige. Dann erinnere ich mich deutlich, wie er zu ihr sagte: «Wenn du das je wieder tust, verlasse ich dich.» Ich war beeindruckt von der ruhigen, festen Art, in der er das sagte. Sein Sohn, muß ich gestehen, hatte niemals den Mut, so mit einer Frau zu sprechen.
Ich habe meinen Hang zum Lesen erwähnt. Eines meiner Lieblingsbücher, eines, das ich wieder und wieder las, war *Geschichten aus der Bibel*. Es waren zumeist Geschichten aus dem Alten Testament, mit unvergeßlichen Gestalten wie König David, Daniel, Jonathan, Esther, Ruth, Rachel und so weiter. Ich fragte mich manchmal, warum ich nie solchen Leuten auf der Straße begegnete. Ich spürte, daß da zwei Welten waren, die Welt der Heroen und Heroinen, die ich in Büchern fand, und die Welt der gewöhnlichen

Leute, wie meine Eltern es waren und all die anderen Eltern in der Nachbarschaft. Da waren keine flammenden Propheten, keine Könige, keine jungen Helden mit Schleudern unter uns. Da war dieser verrückte Prediger mit der Pferdepeitsche, der alte Ramsay, aber ein Hesekiel war er nicht. Ich versuchte Stanley von diesen wunderbaren Menschen zu erzählen, welche die Bibel bevölkerten, aber er tat sie als Erfindungen der protestantischen Religion ab. «Der Priester spricht nie von solchen Leuten», sagte er, und damit war die Sache erledigt.
Genauso, wie es Grenzen gibt, die Nationen trennen, gab es Demarkationslinien, die unsere Welt von den benachbarten schieden. Alle, die jenseits dieser Grenzlinien wohnten, waren potentielle Feinde. Wir waren immer vorsichtig, immer auf der Hut, wenn wir ihr Territorium betraten. In unserer eigenen kleinen Welt war alles verständlich, einschließlich Grausamkeit, Dieberei und Epilepsie. Wir waren eine einzige große Familie, die sich aus Iren, Spaghetti, Jidden, Heinis, Polacken und hier und da einem Schlitzauge zusammensetzte. Das, worauf es ankam, war, daß man am Leben blieb. Das Zweitwichtigste war, daß man nicht erwischt wurde. Die Welt ist ein abstrakter Begriff für etwas, was nur im Geist existiert. Die Erde ist real, auch der Himmel und die Vögel der Luft. Für uns gab es keine «Lüfte» wie in der griechischen Philosophie. Es gab nur Ozon, der, wenn man ihn in tiefen Zügen einsog, gut für die Lunge war.
Stanley war also nach New Jersey oder Staten Island umgezogen. Seine Tante hatte sich von ihrem Mann, dem Friseur, scheiden lassen und einen Bestattungsunternehmer geheiratet. Ich hätte nichts davon erfahren, wenn mir nicht Stanley eines Tages vom Kutscherbock des Leichenwagens zugewinkt hätte, der zufällig durch unsere Straße fuhr. Ich traute kaum meinen Augen.
Auch wir waren umgezogen, in eine neue Nachbarschaft, die anfänglich wenig Reiz für mich besaß. Den Jungen in dieser neuen Nachbarschaft fehlte der Zauber und der Charakter der Jungen aus der alten Nachbarschaft. Sie wirkten wie Ebenbilder ihrer Eltern, die langweilig, streng und

äußerst bürgerlich waren. Trotzdem fand ich bald Freunde – dafür habe ich anscheinend eine Begabung. In der Schule freundete ich mich mit einem Jungen an, der lebenslang mein Freund bleiben und eine nicht geringe Rolle in meinem Leben spielen sollte. Er war ein geborener Künstler. Unglücklicherweise sah ich ihn nur in der Schule. Hin und wieder bekam ich einen Brief von Stanley, und hin und wieder trafen wir uns zu einer jener zwielichtigen Unternehmungen, auf die sich Stanley jetzt einließ. Wir nahmen dann die Fähre nach Staten Island, und unterwegs ließ Stanley unauffällig einen kleinen Kasten über Bord fallen. In dem Kasten war eine Fehlgeburt. Vielleicht bekam er etwas zusätzliches Taschengeld dafür, daß er seinem neuen Onkel diesen Gefallen tat – er sprach nie darüber. Bald würde er noch zwielichtigere Dinge unternehmen. Irgendwie verschaffte er sich eine Stelle als Dolmetscher auf Ellis Island. Statt seinen Landsleuten zu helfen, beraubte Stanley sie. Er empfand auch keinerlei Scham deswegen, was mich wirklich erstaunte. Seine Einstellung war: wenn ich es nicht tue, tut es ein anderer.
In jenen paar Jahren, in denen wir erwachsen wurden, sahen wir uns sehr wenig. Stanley sprach nie über Mädchen, fiel mir auf, wohingegen ich ganz mit ihnen beschäftigt war und es noch viele Jahre bleiben sollte.
Schließlich kam der Tag, an dem Stanley zur Armee ging – zur Kavallerie, genauer gesagt. Und von nun an erhielt ich Briefe von Fort Oglethorpe, Georgia, oder aus Chickamauga.
Alles was die Armee Stanley je beibrachte, war Trinken und Spielen. Am Tag seiner Entlassung aus der Armee trafen wir uns – auf Coney Island. Er muß seinen gesamten Sold bei sich gehabt haben, denn er gab Geld aus wie ein Verrückter. Von dem Zeitpunkt an, als wir uns trafen, trank er beharrlich Bier, nichts als Bier. Natürlich probierte er alles aus – von den Karussells bis zu den Schießständen. Wir waren beladen mit Preisen, die er gewann – er war Scharfschütze in der Armee. Morgens gegen drei gingen wir in ein schäbiges Hotel irgendwo in Brooklyn Heights. Er fiel betrunken wie ein Pope ins Bett und schaffte sich am

nächsten Morgen einen klaren Kopf, indem er schales Bier trank.
Das war schon ein veränderter Stanley. Rauflustig und jeden Augenblick zu Krawall aufgelegt. Trotz seiner Verfassung hatte er noch immer die Literatur im Sinn. Seine beiden Lieblingsschriftsteller, von denen ich später noch viel hören sollte, waren Joseph Conrad und Anatole France. Er wollte schreiben wie sie – wie welcher von beiden, war ihm gleich.
Noch mehr Zeit verstreicht, in der er das Druckergewerbe erlernt. Und als nächstes kommt die Heirat – mit einem ziemlich langweilig aussehenden polnischen Mädchen, über das er nie ein Wort hatte verlauten lassen.
Inzwischen hatte auch ich geheiratet. Wie der Zufall es wollte, stellte sich heraus, daß wir nur ein paar Blocks voneinander entfernt wohnten, er auf der falschen Seite der Gleise, wie man sagt.
Jetzt sahen wir uns natürlich häufiger. Abends, nach dem Essen, kam Stanley oft vorbei, um mit mir zu palavern. Beide versuchten wir zu schreiben, und einer kritisierte den andern. Und wir nahmen das alles furchtbar ernst. Ich arbeitete damals noch als Einstellungsleiter bei der Telegraphengesellschaft.
Um mir zu beweisen, daß ich tatsächlich ein Schriftsteller war, schrieb ich während eines dreiwöchigen Urlaubs ein Buch über zwölf Boten. Ich glaube nicht, daß ich es Stanley gegenüber auch nur erwähnt habe; warum ich das nicht tat, weiß ich nicht. Vielleicht wollte ich ihn nicht verlegen machen. Natürlich dachte ich nicht im Traum daran, es ihm zu zeigen, denn er hätte kein gutes Haar daran gelassen.
Woran ich mich aus dieser Zeit noch lebhaft erinnere, sind Stanleys zwei Jungen. Immer gut gekleidet, höflich, makellos sauber und so wohlerzogen, daß es einem weh tat. Sie waren immer leichenblaß, als seien sie aus Alabaster. Stanley brachte sie öfter einmal am späten Nachmittag mit. Was sie während dieser Besuche trieben, war mir ein Rätsel. Sie blieben außer Sichtweite, bis man sie rief – wie es sich für Kinder gehörte. Nie stritten sie sich, nie machten sie ihre Kleider schmutzig oder jammerten über etwas.

Wenn ich jetzt an ihr Benehmen denke, wundert es mich, daß sie nicht die Bewunderung meiner Frau erregten. Sie benahmen sich genau, wie es den Grundsätzen meiner Frau entsprach. Aber aus irgendeinem Grunde schenkte sie ihnen wenig Aufmerksamkeit. Sie erkundigte sich auch nie nach Stanleys Frau, die zwar ein guter Kerl war, aber entschieden nicht sehr interessant.
Zu der Zeit, als ich June kennenlernte, spitzte Stanley die Ohren. Obwohl er mein Treiben nicht billigte, sympathisierte er doch mit mir. Und er war äußerst verschwiegen. Stück für Stück beobachtete er, wie sich das ganze Drama entfaltete.
Eines Tages, aus heiterem Himmel, sagte er zu mir: «Willst du sie loswerden?» Er meinte meine Frau. Wahrscheinlich nickte ich zustimmend. «Okay. Überlaß es mir», sagte er noch. Und das war alles. Kein weiteres Wort.
Ich glaube nicht, daß ich einen ernsten Gedanken daran verschwendete. Es war nur so eine Laune von ihm, nahm ich an. Aber das war es nicht.
Welche Rolle er meiner Frau vorspielte, weiß ich nicht. Ich kann mir nur vorstellen, daß er zu ihr etwas Ähnliches sagte. Eines schönen Morgens jedenfalls, als June und ich miteinander schlafen – in meiner Wohnung, natürlich –, wird plötzlich die Schiebetür aufgezogen, und da stehen meine Frau, ihre Freundin aus dem Stockwerk über uns und deren Vater. In flagranti ertappt, wie man so sagt. Ein paar Tage später stellt mir der Rechtsanwalt meiner Frau die Gerichtsunterlagen zu – für die Scheidung.
Wie aber konnte ich auf diese Weise erwischt werden? Stanley war sehr schlau. Er hatte meiner Frau vorgeschlagen, mit dem Kind in die Ferien zu fahren – und dann unerwartet zurückzukommen. Um sicherzugehen, daß meine Frau auch wirklich in die Ferien fuhr, hatte ich sie bis in die kleine Stadt begleitet, wo sie bleiben wollte. Ich war mit dem nächsten Zug zurückgekehrt und hatte, fröhlich wie eine Lerche, June angerufen, um ihr die gute Nachricht mitzuteilen. So kam es, daß wir im Bett erwischt wurden.
Wenn ich an diese Szene mit den drei Zeugen zurückdenke, erinnere ich mich auch noch, daß es mir gelang, June trotz

ihrer Verlegenheit und ihres Wunsches, das Haus so schnell wie möglich zu verlassen, zum Bleiben zu überreden. Ich bereitete uns ein vorzügliches Frühstück – geradeso, als sei nichts geschehen. June fand das ziemlich seltsam von mir. Sie sagte etwas von mangelndem Feingefühl.
Ich habe nie verstanden, wie Stanley so sicher sein konnte, daß ich June in jener Nacht mit nach Hause bringen würde. «Mein Instinkt hat es mir gesagt», antwortete er, wenn ich ihn danach fragte. Für ihn war es eine simple, im Handumdrehen erledigte Angelegenheit. Alles was er von mir verlangte, war, daß ich später kein Bedauern empfinden würde. Das habe ich nie getan.
Natürlich konnte ich nicht mehr bei meiner Frau wohnen. Ich habe anderswo über die vielen Orte berichtet, an denen June und ich lebten, und über die Menschen, denen wir verpflichtet waren.
Es muß bald nach der Scheidung gewesen sein, daß June mich zu drängen begann, die Stelle bei der Telegraphengesellschaft aufzugeben und mit dem Schreiben anzufangen. Der Plan war, daß sie irgendwie für das Notwendigste sorgen würde. Und so tat ich eines Tages genau dies. Ich hörte bei der Telegraphengesellschaft auf und schwor, daß ich fürderhin Schriftsteller sein würde und sonst nichts.
Ich will nicht versuchen, hier meine Kämpfe noch einmal zu beschreiben. Es genügt zu sagen, daß sie gargantuanisch waren und nicht enden wollten. Schließlich kam der Tag, da wir, allein und ohne einen Cent, der finsteren Tatsache gegenüberstanden, daß wir gescheitert waren. Schlimmer noch, wir waren hungrig. Wir wurden aus der Wohnung, in der wir lebten, hinausgeworfen.
Bis heute weiß ich nicht, was mich dazu bewog, aber ich sah in Stanley meine letzte Zuflucht. Ich hatte mir nie einen Cent von ihm geborgt, und er sich auch nicht von mir. Ich wußte, um Geld konnte ich ihn nicht bitten – aber vielleicht konnte er uns für eine Woche oder so bei sich aufnehmen, bis einer von uns eine Arbeit gefunden hatte. Mit solchen Gedanken schleppte ich June mit zu Stanley. Sie hatten sich nie kennengelernt, und Stanley hatte auch, so seltsam das war, nie den geringsten Wunsch geäußert, diese

Frau kennenzulernen, in die ich mich so wild verliebt hatte.
Ich war etwas besorgt, wenn ich an die Begegnung der beiden dachte – sie waren sehr gegensätzliche Naturen.
Glücklicherweise schien June Stanleys ritterliche Seite anzusprechen. Er war überaus großzügig. Er beschloß, uns die Matratze aus seinem Bett zu geben, so daß wir im Wohnzimmer auf dem Boden schlafen könnten. Seine Frau und er würden auf den Sprungfedern schlafen.
Es verstand sich natürlich von selbst, daß June und ich fleißig nach Arbeit Ausschau halten und so bald wie möglich wieder ausziehen würden. Obwohl die Situation ein wenig peinlich, ein wenig ungemütlich war, ging die ersten paar Tage doch alles gut.
Gewöhnlich verließen June und ich morgens zusammen das Haus – um Arbeit zu suchen. Doch wie schamlos es klingen mag, ich muß gestehen, daß keiner von uns sich je nach Arbeit umsah. Sie suchte ihre Freunde auf und ich meine. Wir waren träge und rücksichtslos und, was noch schlimmer ist – undankbar. Und das tut mir auch heute noch leid, gut fünfzig Jahre später.
Glücklicherweise ging es nicht lange in diesem Stil.
Auf irgendeine unerfindliche Weise fand Stanley heraus, daß wir nichts taten. Als wir eines Abends beide zusammen ankamen, sagte Stanley einfach: «Das Spiel ist aus. Packt eure Sachen, und dann bringe ich euch zur Subway.» Das war alles. Kein Wutanfall, kein Theater. Er war uns auf die Schliche gekommen, und er war mit uns fertig.
Verschämt packten wir unsere Sachen, verabschiedeten uns von seiner Frau und den Kindern und stiegen hinter ihm die Treppe hinunter. (Es schien mir, als hätte ich während dieser Vorgänge ein Grinsen auf dem Gesicht seiner Frau entdeckt.)
An der Subway-Station händigte Stanley mir zehn Cent aus, schüttelte uns die Hand und sagte Lebewohl. Wir hasteten die Stufen hinunter, nahmen den ersten Zug, der kam, und sahen einander dann ratlos an. Wo sollten wir jetzt hin? An welcher Station sollten wir aussteigen? Ich ließ June entscheiden.
So ging die Sache mit Stanley zu Ende. Ich habe seitdem

nie wieder etwas von ihm gesehen oder gehört. Die letzte Episode hat eine häßliche Narbe in meiner Erinnerung hinterlassen. Ich war schuld, denn ich hatte etwas getan, was man niemandem antun sollte, vor allem nicht einem Freund. Nein, ich habe mir mein schamloses Verhalten, meinen Verrat an einem Freund niemals verziehen.
Was aus Stanley wurde, weiß ich wirklich nicht. Auf Umwegen hörte ich, er sei erblindet, er habe seine Söhne durchs College gebracht – und das ist alles.
Sein Leben muß ein sehr trübseliges, einsames gewesen sein. Ich bin überzeugt, daß ihn seine Frau nicht sehr interessierte. Ich weiß, daß er seinen Druckerberuf haßte. Und ich bin sicher, daß er mit dem Schreiben nie das geringste Glück hatte. Was ich für Stanley hätte tun können, ist so eine Frage, denn ich war nie fähig, mir selber zu helfen. Aber ich hatte das Glück auf meiner Seite. Immer wieder, wenn alles hoffnungslos erschien, wurde ich gerettet, meistens von einem vollkommen Fremden. Stanley hatte niemanden, der ihm zu Hilfe kam, am allerwenigsten die Götter.

2.

Joey und Tony

Früher war hier ein Brunnen, an dem sich sonntags morgens die Fahrradfahrer trafen, um nach Coney Island und zurück zu radeln.

Wenn ich nur ihre Namen nenne, denke ich schon an das Goldene Zeitalter. Unglücklich der Mann, der nie ein Goldenes Zeitalter gekannt hat. Ich bin noch in jener Phase zwischen sieben und zwölf. Und lebe jetzt in einer neuen Gegend, an der Decatur Street im Bushwick-Viertel. «Die Straße der Leiden» taufte ich sie später. Aber zur Zeit bin ich nicht allzu unglücklich. Mit meiner Mutter und Schwester nach Glendale, einem Vorort von Brooklyn, zu gehen, war ein Ereignis – ein freudiges. Wir konnten ihr Haus zu Fuß in einer Stunde erreichen. Für uns bedeutete das, aufs Land hinaus zu wandern. Für mich war es die erste Berührung mit Natur – und mit Kunst.
John Imhof, der Vater von Joey und Tony, war Künstler. Er malte Aquarelle (gewöhnlich nachts, wenn alle zu Bett gegangen waren), und er machte auch bunte Glasfenster für die kleinen Kirchen in der Umgebung. Wie meine Eltern mit den Imhofs bekannt wurden, weiß ich nicht. Wahrscheinlich durch den «Saengerbund», wo sie so viele Freunde kennenlernten.
Wenn ich heute an diese beiden kleinen Freunde denke, kommen sie mir mir kaum wirklich vor. Sie waren eher wie Gestalten aus einem Kinderbuch. Sie hatten Eigenschaften, die keiner von uns Stadtjungen besaß. Zunächst einmal waren sie immer freundlich und heiter, immer voller Enthusiasmus, und immer entdeckten sie irgend etwas. Sie sprachen eine andere Sprache als wir übrigen. Sie sprachen über Vögel, Blumen, Frösche, Schlangen, Taubeneier. Sie wußten, wo man Vogelnester fand. Sie züchteten Hühner, Enten, Tauben und kannten sich mit ihnen aus.
Sie hatten mir immer etwas Neues, etwas Interessantes zu zeigen, wenn ich ankam. Vielleicht hatten sie einen Pfau bekommen oder noch einen kleinen Hund oder einen alten Ziegenbock. Immer etwas Warmes, Lebendiges.
Sobald ich eingetroffen war, mußte ich mit ihnen kommen – weil sie mir ein paar neue Eier im Nest zeigen wollten oder ein neues buntes Glasfenster, das ihr Vater gerade gemalt hatte. Ich war zu jener Zeit völlig uninteressiert an bunten Kirchenfenstern und Aquarellen. Ich hätte mir nie träumen lassen, daß auch ich eines Tages bis tief in die Nacht

aufbleiben und Aquarelle malen würde. Immerhin, John Imhof war der erste Künstler, der in mein Leben trat. Ich kann mich noch erinnern, wie mein Vater das Wort Künstler aussprach. Er war sehr stolz auf seinen Freund John Imhof. Und jedesmal, wenn ich das Wort hörte, spürte ich eine heftige Regung in mir. Ich hatte nicht die leiseste Vorstellung, was es bedeutete. Ich weiß nur, daß das Wort Kunst etwas in mir bewirkte. Im Gegensatz zu mir waren Tony und Joey bereits mit den Namen der großen religiösen Maler vertraut, und sie besaßen dicke, schwere Bücher, in denen die Werke dieser Maler abgebildet waren. So kannte ich von jungen Jahren an Namen wie Giotto, Cimabue, Fra Angelico und dergleichen. Um Stanley zu ärgern, leierte ich manchmal diese Namen herunter.
Die Imhofs waren katholisch. Und so wurden mir die Namen der Heiligen ebenso vertraut wie die der großen Maler. Oft begleitete ich Tony und Joey in die Kirche. Ich muß gestehen, ich mochte die Atmosphäre der katholischen Kirche nicht. Ich konnte auch nichts von der Lehre glauben, die sie mir zu vermitteln suchten. Besonders wenig mochte ich bei ihnen zu Hause die Bilder von der Jungfrau Maria, von Johannes dem Täufer und von Jesus, der für uns am Kreuz gestorben ist. Ich fand das alles furchtbar grausig. Doch merkte ich bald, daß meine kleinen Freunde sich diese Dinge nicht zu Herzen nahmen. Sie waren sozusagen keine geborenen Katholiken, wie man sie in Spanien, Sizilien oder Irland trifft. Sie hätten genausogut Türken sein können.
Dieses Glendale war nur ein winziges Dorf, das auf der einen Seite an einen Golfplatz und auf der andern an zwei katholische Friedhöfe grenzte. Zwischen ihnen lag ein Tal, in das wir niemals vordrangen. Es war eine Art Niemandsland. Die Straßen waren breit und von riesigen, schattenspendenden Bäumen gesäumt. Jedes Haus war von einem Zaun umgeben. An der Straßenecke wohnte die Familie Rogers, die aus einer kränklichen Tante und einem jungen Mann von knapp zwanzig bestand, der für meine Freunde das war, was Lester Reardon und Eddie Carnie für mich bedeuteten. Dieser junge Rogers war auf dem We-

ge, ein Golfstar zu werden. Meine kleinen Freunde fühlten sich nur zu geehrt, wenn sie ihm die Schläger tragen durften. Ich selbst habe bis zum heutigen Tage nicht das geringste Interesse für Golf aufgebracht. Ich verstehe das Spiel ebensowenig wie Football.
Es gab so vieles, was ich nicht verstand, so kommt es mir vor. Im Vergleich zu mir waren Tony und Joey äußerst gewitzt. Es bereitete ihnen Vergnügen, mir die Augen zu öffnen.
Ich habe immer alle beneidet, die auf dem Land geboren sind. Sie lernen die wesentlichen Dinge des Lebens so viel schneller. Ihr Leben mag hart sein, aber es ist auch gesünder. Aus der Sicht des Stadtjungen wirken sie vielleicht zurückgeblieben, aber das sind sie nicht. Ihre Interessen sind verschieden, das ist alles.
Bis ich Joey und Tony kennenlernte, hatte ich niemals einen Vogel in meinen Händen gehalten, nie erfahren, was es bedeutet, die Wärme und das Zittern einer winzigen lebendigen Kreatur zu spüren. Von meinen Freunden lernte ich bald, mit Mäusen und Schlangen umzugehen. Ich fürchtete mich auch nicht, wenn einmal eine Gans auf mich losging.
Einfach nichts zu tun, war schon ein wunderbares Fest. Im süß duftenden Gras auf der warmen Erde zu liegen und den dahinziehenden Wolken oder den über mir kreisenden Vögeln zuzuschauen. Freilich, der Tagesablauf war für uns geregelt, aber es blieb zwischen den Pflichten immer reichlich Zeit zum Faulenzen.
Schon als ich noch ein Junge war, bedeutete mir die christliche Religion nie etwas. Sie strömte Grabesgeruch aus. Sie sprach von Bösem, von Sünde und Strafe. Sie war morbide und leichenhaft. Ich konnte in ihr niemals Frieden oder Freude finden. Im Gegenteil, sie erfüllte mich oft mit Schrecken, besonders der katholische Glaube. Die Beichte war in meinen Augen ein großer Witz. Ein Hokuspokus, ein Betrug. Nein, alles an der Kirche schien für Schwachköpfe bestimmt.
Es gab wunderliche Gestalten in dieser Gemeinde. Ein Mann, der, glaube ich, Fuchs hieß, war, was meine Freunde

einen «Hundeköttelsammler» nannten. Das hieß, daß er den ganzen Tag mit einem verkürzten Besenstiel umherging, an dessen Ende eine Eisenspitze angebracht war, und damit Hundehaufen einsammelte. Er trug diese Haufen in einem Sack auf dem Rücken, und wenn er genügend beisammen hatte, brachte er sie in eine Parfumfabrik, wo man ihn für seine Bemühungen gut bezahlte. Er hatte eine seltsame Art zu sprechen, dieser Mr. Fuchs. Natürlich war er nicht ganz richtig im Kopf. Das wußte er auch. Seine Possen wurden dadurch noch komischer. Er war sicherlich ein frommer Katholik und bekreuzigte sich ständig oder murmelte: «Gegrüßt seist du, Maria.» Er versuchte, uns dazu zu bekommen, für ihn zu arbeiten, aber das sahen wir nicht ein. Was Arbeit anging, so gab es eine Menge Gelegenheitsjobs, die meine Freunde übernehmen konnten. An Taschengeld fehlte es ihnen nie. Gewöhnlich gaben sie ihrer Mutter die Hälfte ihrer Einkünfte ab.
Ich brauchte nicht lange, um zu entdecken, daß zwischen dem Vater und der Mutter irgend etwas nicht stimmte. Mrs. Imhof war, wie jedermann sehen konnte, an die Flasche geraten. Ihr Atem roch immer nach Schnaps, und sie war nicht sicher auf den Beinen. Sie machte auch dumme Sachen, die man einfach nicht übersehen konnte. Die Gespräche zwischen ihr und ihrem Mann hielten sich wahrhaftig in Grenzen. Meistens beklagte er sich, daß alles vor die Hunde gehe. Und das tat es auch. Glücklicherweise gab es zwei weitere Familienmitglieder, die halfen, so gut sie konnten – Minnie, die ältere Tochter, und Gertrude, die etwa in meinem Alter war.
Woher die plötzliche Kluft zwischen den beiden kam, die gute zwanzig Jahre verheiratet waren, wußte man nicht genau. Die Jungen vertraten die Ansicht, ihr Vater sei in einen alten Schatz in Deutschland verliebt, der begonnen habe, ihm Briefe zu schreiben. Sie sagten, er habe sogar gedroht, sie zu verlassen und zu seiner Freundin nach Deutschland zu gehen. (Was er ein paar Jahre später denn auch tat.)
Gewöhnlich zog sich der Vater recht früh zurück. Er ging noch nicht gleich schlafen. Er malte im Licht einer Studier-

lampe Aquarelle. Wir mußten durch sein Zimmer gehen (auf Zehenspitzen), um in unser Schlafzimmer zu kommen. Es gab mir immer das Gefühl von etwas Heiligem, wenn ich Mr. Imhof mit ein oder zwei Pinseln in der Hand über einen Papierblock gebeugt sah. Er schien uns nicht wahrzunehmen.
Abends nach dem Essen spielten wir gewöhnlich Schach. Joey und Tony spielten recht gut; ihr Vater hatte es ihnen beigebracht. Mehr als das Spiel liebte ich die Schachfiguren. Sie waren kunstvoll und kostbar – aus China, glaube ich. Ich habe das Spiel mit gewissen Abständen mein Leben lang gespielt, aber es ist mir nie gelungen, ein guter Spieler zu werden. Zum einen fehlte mir die nötige Geduld. Zum andern war ich zu unbekümmert. Es war mir gleichgültig, ob ich gewann oder verlor. Ich genoß die Schönheit der Züge – Ästhetik ging mir über Strategie.
Manchmal erlaubten mir die Freunde, ihnen aus meinen Büchern vorzulesen. Ich hatte die Gewohnheit noch nicht abgelegt. Im allgemeinen schliefen sie ein, ehe ich sehr weit gekommen war. Am nächsten Morgen baten sie mich dann ganz arglos, ihnen zu erzählen, was ich ihnen am Abend vorher vorzulesen versucht hatte.
In der Nähe der Stadtgrenze von Glendale, nahe bei dem deutschamerikanischen Viertel von Brooklyn, das Ridgewood heißt, gab es ein Lokal namens Laubscher's. Es war eine riesige Bierhalle mit Billardtischen und Kegelbahnen, und mit reichlich Abstellplatz für Pferde und Buggies. Immer duftete es dort betörend nach abgestandenem Bier, Pferdepisse, Pferdemist und anderen beißenden Wohlgerüchen. Hier kamen die Älteren einmal in der Woche zusammen – um zu singen, zu tanzen und zu saufen. Wir wurden immer mitgenommen und an Ort und Stelle dann uns selbst überlassen. Ich muß sagen, das waren lustige Abende, ganz anders als alles, was wir heute kennen. Sie sangen mit Begeisterung – im Chor. Und tanzten. Zur damaligen Zeit war der Walzer der Lieblingstanz. Aber sie tanzten auch all die übrigen Tänze – die Polka, den Schottischen. Und die Volkstänze. Das mußte man gesehen haben.
Während all dies im Gange war, verlustierten wir uns

gleichfalls auf Teufel komm raus. Ungezählt blieben die halbgeleerten Gläser Bier, die wir wegputzten. Es war ein Gelände, wo man zum Beispiel ausgezeichnet Räuber und Gendarm spielen konnte. Und bei all dem Laufen und Schwitzen schadete uns das viele Bier nicht, das wir tranken. Manchmal stellten wir auf der Kegelbahn die Kegel auf – ohne Bezahlung –, weil wir uns so wohl fühlten. Das brachte uns gewöhnlich etwas Kleingeld ein und ein paar gute belegte Brote mit Puter darauf. Alles in allem waren es herrliche Wochenenden, und hinterher ging (oder wankte) die gesamte Familie heim und sang dabei aus voller Brust.

Ich fragte mich oft, wenn wir am Haus der Rogers' vorbeikamen (das keineswegs besonders herrschaftlich war), ob nicht die Gefahr bestand, daß wir die alte Mrs. Rogers aufweckten. Was das Singen anging – die Lieder, die bei solchen Gelegenheiten gesungen wurden – ich meine die Heimkehrlieder –, so waren sie allen bekannt.

Ich nehme an, das am häufigsten gesungene war *«Wien, Wien, nur du allein . . .»*. Noch heute, wenn ich in der richtigen Stimmung bin, das heißt leicht beschwipst, mächtig sentimental, sanft bis ins Mark und verliebt in die Welt, rührt es mich zu Tränen. Ich werde dann das, was mein Freund Alf mich immer nannte, wenn er mich necken wollte – *«un pleurnicheur»*.

Es gibt bestimmte amerikanische Volksweisen, die auf mich die gleiche Wirkung haben – vornehmlich Lieder von Stephen Forster. Niemand, scheint mir, kann *«Way Down Upon the Swanee River»* oder *«My Old Kentucky Home»* mit trockenen Augen singen. Ich sollte noch ein weiteres nennen, eines, das Theodore Dreisers Bruder komponiert hat – *«On the Banks of the Wabash Far Away»*. Paul Dressler war der Name, den sein Bruder annahm, und er war ein äußerst liebenswerter Mensch.

Aus irgendeinem Grund fällt mir bei der Erwähnung dieser Lieder der Musikunterricht in der High School ein, die ich besuchte. Der Lehrer, Barney O'Donnell, war ein vergnügter Ire in den Sechzigern, der gar nicht erst den Versuch unternahm, uns Musik beizubringen. Er setzte sich einfach ans

Klavier, schlug auf seine unnachahmliche Weise ein paar Tasten an, sah auf und sagte: «Was soll es denn heute morgen sein?» Das hieß, wir konnten uns aussuchen, was wir singen wollten. Und wir sangen – mit Herz und Lungen. Für uns war es der beste Tag in der Woche. Wir waren immer dankbar dafür, Barney O'Donnell bei uns zu haben. Zwischen den Liedern lehrte er uns ein paar irische (gälische) Ausdrücke wie *«Faugh a balla!»* (Aus dem Weg!) oder *«Erin go bragh!»* (Irland immerdar!) Wenn uns nur die andern Dinge auf diese heitere Weise hätten beigebracht werden können! Vielleicht hätten wir dann etwas von dem toten Wissen behalten, das sie uns einzutrichtern versuchten und das zu schlucken die meisten von uns anscheinend nicht imstande waren.

In jener Zeit schien, wer etwas auf sich hielt, eine Gitarre im Haus zu haben. Sogar meine Mutter, die wenig Musik oder Poesie in den Adern hatte, hatte Gitarrespielen gelernt. In frühen Jahren wurde mir Zitherspielen beigebracht. Von jenen Wochenenden habe ich noch die seltsame alte Frau in Erinnerung, die wie eine Zigeunerin aussah und die in einer Ecke des großen Bierlokals saß und auf der Gitarre oder Zither klimperte. Und immer ein Glas Bier neben sich. Die Lieder, die sie sang, waren alles andere als fröhlich. Aber offenbar schätzte man sie. Ihre Stimme war dunkel und kehlig, und ihr Gesicht drückte tiefste Traurigkeit aus, wenn sie sang. Leute blieben stehen und hörten zu, schüttelten den Kopf und spendierten ihr noch ein Bier. Jahre danach habe ich in Wien ihre Doppelgängerin gesehen. Dürftig gekleidet, saß sie in einem kleinen Café, zitternd vor Kälte. Und sah reif fürs Grab aus. Aber als sie auf der Zither spielte, war das unvergeßlich. Mit all dem wollte ich nur sagen, daß es bei den Imhofs beides gab, eine Gitarre und eine Zither, auf denen niemand spielte.

Joey und Tony waren beinahe gleichaltrig. Tony war der jüngere. Selbst in jenen frühen Jahren hatte Tony etwas von einem Priester. (Im späteren Leben sollte er tatsächlich Priester werden.) Ewig sagte er uns, wir sollten dies nicht tun und das nicht tun, sonst würde er dem Father (womit er den Priester meinte) von unserem unmoralischen Betragen

erzählen. Wir schliefen alle drei in einem großen Bett. Joey und ich hatten uns angewöhnt, uns gegenseitig zu befummeln. Wir dachten uns nichts dabei, aber für den «Türken» – das war der Spitzname, den wir Tony gegeben hatten – begingen wir eine schwere Sünde. Manchmal versuchten wir, ihn zu befummeln, aber es half nichts – er war nicht zu korrumpieren.
Es gab noch etwas anderes, dessen ich mich zur Schlafenszeit schuldig machte. Neben unserem Bett schlief die große Schwester der beiden, Minnie, die mehrere Jahre älter war als wir. Wenn wir dachten, sie sei eingeschlafen, schlich ich aus dem Bett, zog die Decke von ihr weg und hob ihr Nachthemd hoch, so daß wir einen guten Blick auf ihre Möse hatten. Sie drohte immer, sie würde es meiner Mutter am nächsten Tag erzählen, tat es aber nie. Auch das war natürlich in Tonys Augen eine unkeusche Handlung. Doch wieviel wir ihn auch wegen seiner puritanischen Einstellung verspotteten und neckten, wir konnten ihn nie erschüttern. Wenn es überhaupt so etwas wie einen geborenen Priester gibt, dann war Tony einer.
Schließlich packte Mr. Imhof seine Sachen zusammen und verschwand nach Deutschland – zur Bestürzung und vollkommenen Verwirrung meiner Mutter. «Er war doch so ein guter Mensch, so ein feiner Mensch», sagte sie immer wieder. «Wie konnte er so etwas tun? Wie konnte er seine Kinder einfach so im Stich lassen?» Offenbar kam es ihr nie in den Sinn, daß es eine große Macht im Leben gab, die man Liebe nannte und in deren Namen die Menschen seltsame und unvorhersehbare Dinge taten.
Nicht lange jedenfalls, nachdem der Vater getürmt war, zog die Familie nach Bensonhurst, wo sie ein sehr viel größeres Haus bewohnte, zu dem ein weitläufiges Grundstück gehörte. Wie es dazu kam, wie die Rogers' eine solche Veränderung finanzieren konnten, habe ich nie herausgefunden. Vielleicht war Mr. Imhof gar kein so schlechter Kerl gewesen, wie sich die Leute einbildeten. Vielleicht hatte er Geld zurückgelassen, damit die Familie keine Not litt.
Das neue Grundstück war eine Wonne. Jetzt konnten sie sich wirklich allein durchbringen. Sie hatten Hühner, Gän-

se, Enten, Schweine und natürlich noch mehr Tauben. Hunde und Katzen auch. Im Hof war eine große Schaukel. Es gab sogar Raum für einen Tennisplatz, aber niemand verstand etwas von Tennis. Sie hatten natürlich Mengen von Gemüse und wunderschöne Blumenbeete. Auf eine Weise war Mr. Imhofs Verschwinden ein unverhoffter Glücksfall. Die beiden Töchter waren über das Verhalten ihres Vaters erbittert und absolut unversöhnlich. Nicht so Tony und Joey. Sie nahmen sein Fortgehen als eine normale Sache hin. Joey sagte sogar, er hätte an seines Vaters Stelle das gleiche getan.

Minnie, die größere Tochter, war, wie ich schon sagte, ein paar Jahre älter als wir. Sie war ein ziemlich unscheinbares Mädchen und nicht besonders hell. Es dauerte nicht lang, und sie erlag den Listen eines jungen polnischen Burschen, der sie bald schwängerte. Das allerdings war nun ein ganz anderes Unglück. Ich erinnere mich noch an den Tag, an dem die Jungen mir davon erzählten. Sie brachten keine Beschuldigungen gegen Minnies polnischen Freund vor. Er sei ein anständiger Kerl, sagten sie, aber nicht seriös. Er hatte sich geweigert, Minnie zu heiraten. Er sagte, sie habe doch gar keinen Beweis dafür, daß das Kind, das sie im Bauch trage, von ihm sei. Jeder, der Minnie kannte, wußte, daß das nicht stimmte, daß Minnie sich unmöglich mit mehr als einem Mann zur gleichen Zeit abgeben konnte.

So kam das Kind schließlich auf die Welt – unehelich – und wurde als Familienmitglied akzeptiert. Die Kleine war ebenfalls nicht besonders hell, aber sie war keck, frech und leichtsinnig und führte ihre Mutter schon an der Nase herum, als sie noch ein kleiner Knirps war. Sie war kaum ein Teenager, da stieß ihr das gleiche zu wie ihrer Mutter. Der Unterschied bestand darin, daß es ihr egal war.

Die jüngere Tochter, Gertrude, war vollkommen anders als die übrige Familie. Sie war sehr hübsch, gesund, lebhaft bis in die Fingerspitzen und höchst solide. Sobald sie konnte, ging sie arbeiten und wurde die Hauptenährerin der Familie. Als ich älter wurde, war ich mehr und mehr von ihr angezogen. Ich hielt ihre Neugierde fälschlich für Intelligenz, ihre Lebhaftigkeit für Vollblütigkeit. Ich brauchte

nur einmal oder zweimal mit ihr auszugehen – ins Theater oder zum Tanzen –, um zu begreifen, daß sie nicht im mindesten das Geschöpf war, das ich in ihr gesehen hatte. Tatsächlich bekam ich heftigen Streit mit ihr und konnte sie am Ende nur noch verachten. Wenn ihr Bruder Tony zum Priester geschaffen war, dann war sie zur Nonne geschaffen, oder vielmehr zur Oberin. Unter dem bezaubernden Äußeren war sie eiskalt, unversöhnlich, lieblos und schlicht dumm. Was aus ihr wurde, weiß ich nicht mehr, aber ich nehme an, sie heiratete und bekam Kinder.
In jenen frühen Tagen verlief jedoch, wenn wir die Imhofs in Bensonhurst besuchten, noch alles relativ glatt. Die Jungen arbeiteten stundenweise, der Familie fehlte es an nichts, und wir trieben so ziemlich, was wir wollten. Nicht weit entfernt, mit der Straßenbahn zu erreichen, befand sich ein unvergeßliches Fleckchen, Ulmer Park genannt, wo es ein Freilichttheater gab; das Publikum saß an kleinen Tischen im Sonnenschein und aß und trank während der Vorstellungen. Meine Mutter hatte angefangen, mich zu diesem wunderbaren Ort mitzunehmen, als ich noch ganz klein war. Er machte einen ungeheuren und bleibenden Eindruck auf mich. Denn hierher, an diesen abgelegenen Winkel der Welt, kamen die berühmten Stars aus Europa – Clowns, Kunstradfahrer, Seiltänzer, fliegende Menschen, Opernsänger, Zauberkünstler, Akrobaten, Komiker, Drahtseilartisten und so weiter. Im späteren Leben fragte ich mich, wie es wohl kam, daß meine Mutter das Gespür hatte, mich an solch einen Ort mitzunehmen. Hier hörte ich Irene Franklin «*Redhead*» singen.
Und nicht weit davon lag ein weiterer unvergeßlicher Ort – Sheepshead Bay. Hier lagen in einer Bucht viele Boote jeglicher Art vor Anker. Aber die Hauptattraktion des Ortes waren die herrlichen Fischrestaurants. Hier konnte man immer Austern in der geöffneten Schale bekommen, rohe Muscheln, Muschelsuppe, weichschalige Krabben und jede vorstellbare Sorte von frischen Süßwasser- und Meeresfischen.
Gar nicht so viele Jahre später, als ich einmal unglücklich verliebt und, wie es schien, von allen Freunden verlassen

war, nahm ich als erstes am Morgen immer mein Rad und fuhr und fuhr, bis ich erschöpft war. Ich nannte das Fahrrad meinen einzigen Freund. Wenn es möglich gewesen wäre, hätte ich vermutlich mit ihm geschlafen. Aber der springende Punkt ist, daß nur ein paar Jahre zwischen den glücklichen, sorglosen Tagen mit Joey und Tony und nun diesen elenden, fast unerträglichen Tagen lagen. Alles wegen eines Mädchens. Alles weil sie meine Liebe nicht erwiderte. Und so zog ich auf dem Rad los und fand mich oft in Besonhurst, Ulmer Park oder Coney Island wieder. Nur war jetzt alles anders. Ich war allein, verlassen, der Welt und mir selbst zu nichts nütze.

In Bensonhurst konnte ich das Haus nicht mehr finden, in dem die Imhofs einst gewohnt hatten. Wo waren sie hin? Mr. Imhof war inzwischen gestorben – in Deutschland. Ich bin sicher, seine Söhne nahmen es mit dem gewohnten Gleichmut hin. Ausgerechnet meine Mutter machte viel Aufhebens um seinen Tod, weinte Krokodilstränen und murmelte vor sich hin, was für ein guter Mensch er gewesen sei, daß es ihm nie hätte passieren dürfen und so weiter. Auf Umwegen erfuhr ich nach einiger Zeit, daß die Jungen beide Briefträger geworden waren. Nach ein paar Jahren kündigte Tony, um Priester in irgendeiner abgelegenen Gemeinde zu werden, aber Joey blieb und wurde Vorsteher des Postamts, in dem er arbeitete. Er heiratete außerdem eine Lehrerin, sehr zu meiner Überraschung.

Das letzte Mal sah ich ihn etwa zehn oder fünfzehn Jahre später. Es war während jener verzweifelten Tage mit June. In meiner Verzweiflung besuchte ich ihn, um mir Geld zu leihen, soviel ich kriegen konnte. Er war noch derselbe alte Joey, derselbe gute Freund. Er gab mir zehn Dollar und sagte, ich könne das Zurückzahlen vergessen. Ich hatte erwartet, mehr zu bekommen, war aber auch dafür dankbar. Hatte mir nicht einer meiner guten Freunde fünf Cent in die Hand gedrückt, als ich ihn um Fahrgeld für die Subway bat? Ich erreichte allmählich den Punkt, wo Cents zählten. Bald sollte ich ganz zum Bettler werden. Ich hatte allen Stolz eingebüßt. Es ging nur noch ums nackte Leben.

3.
Cousin Henry

Blick auf 181 Devoe Street, wo meine erste Liebe wohnte. Es ist das weiße Haus, das dritte von links.

Er war gleichsam der König der 58. Straße (Manhattan) und ich der Prinz des 14. Bezirks (Brooklyn). Jeden Sommer richteten es unsere Eltern so ein, daß wir uns für zwei bis drei Wochen in der einen oder der andern Wohnung aufhielten.
Mein Cousin Henry war von Natur nichts weniger als ein König, und doch gebot er den Jungen in seiner Nachbarschaft Respekt und Gehorsam. Durch ihn begriff ich zuerst, daß ich wohl anders sein mußte als andere Jungen, vielleicht gar ein Genie, obwohl ich keinerlei Begabung für eine schöpferische Tätigkeit als Schriftsteller, Maler oder Schauspieler aufwies. Aber ich *war* anders. Etwas an mir löste schon in jenem frühen Alter Bewunderung und Loyalität bei meinen Altersgenossen aus.
Wenn Cousin Henry seinen Freunden verkündete, Henry Miller werde in der nächsten Woche eintreffen, dann bekam das die Bedeutung eines Staatsbesuchs. Ich war der Abgesandte einer anderen Welt. Ich hatte etwas Verschiedenartiges zu bieten. Außerdem waren wir blutsverwandte Cousins, und das hatte Gewicht.
Ich sehe es vor mir, wie ich eines Sommertags ankomme und nach und nach sämtlichen Mitgliedern der Bande vorgestellt werde, jeder davon in meiner Einschätzung eine einzigartige Gestalt. Ich fragte mich, was an mir so anders sei, daß ich auf der Stelle ihre Gunst gewann. Was mir fast augenblicklich auffiel, war die Art, wie sie mir an den Lippen hingen. Es war, als spräche ich eine andere Sprache, die sie nur vage verstehen konnten, die sie aber bezauberte. Da ich mir dessen bewußt war, befürchtete ich, sie könnten mich für einen kleinen Gentleman halten. Nichts war in dieser Nachbarschaft so undenkbar wie ein «Gentleman». Derlei Tiere existierten dort einfach nicht. (Plötzlich dachte ich an eines der Idole meiner Knabenzeit, an Lester Reardon, der das Gebaren eines jungen Löwen hatte – eines *aristokratischen* jungen Löwen. Ich fragte mich, wie es ihm unter diesen kleinen Rowdies ergehen würde.)
Mein Cousin Henry hatte, da war ich stehengeblieben, nichts von einem König an sich. Schon in jenen frühen Jahren umgab ihn eine Aura von Melancholie. Er war sehr

still, in sich gekehrt und nachdenklich. In meiner Gegenwart schien er zum Leben zu erwachen – er sah sogar zuweilen glücklich aus.
Durch Cousin Henry nahm ich zum erstenmal das andere Geschlecht wahr. Kaum war ich angekommen, als er mich einem reizenden kleinen Geschöpf vorstellte, das alle «Weesie» nannten (von Louise, nehme ich an). Sie wurde mir dargeboten, als wollte man sagen: «Hier, da ist etwas Hübsches für dich. Vergnügt euch gut miteinander.» Es geschah alles so natürlich, so selbstverständlich, daß ich nicht einmal verlegen wurde. Es gab freilich noch andere Mädchen neben Weesie, aber Weesie war gleichsam die Königin des Harems.
In der damaligen Zeit waren die Sommer anders als heute. Einmal, glaube ich, waren sie in der Tat heißer als jetzt. Man suchte den Schatten, ob es nun ein kühler Raum war oder der Keller eines Hauses. Man bereitete eiskalte Getränke aller Art. Und man wurde, ob man wollte oder nicht, sinnlicher, leidenschaftlicher, entdeckungsfreudiger. Anfangs machte es mir Schwierigkeiten, meine Reaktionen zu unterdrücken. Alles verlief hier zu leicht, zu natürlich. Selbstverständlich wußte ich nicht, was moralisch und unmoralisch bedeutete – zu Hause oder auf der Straße hörte ich diese Wörter nie –, aber ich kannte den Unterschied zwischen einer Verhaltensweise und einer andern.
Jedoch, wenn du in Rom bist, tue, wie die Römer tun. Was ich denn auch tat, zu jedermanns Vergnügen. Noch seltsamer – *und* vergnüglicher – wurde die Situation durch den Umstand, daß die beiden Geschlechter dort, wo ich herkam, in getrennten Welten lebten. Niemand betrachtete Mädchen als etwas Besonderes. Von jenen kleinen Zwischenspielen im Keller – wie mit Jenny Payne – abgesehen, schien niemand sich im geringsten um Sex zu kümmern. Wir sahen vielleicht noch gerne den Affen im Zoo zu, wie sie einander auf den Rücken hopsten, aber damit war auch schon Schluß. Sex war mehr so etwas wie ein gesunder, fröhlicher Sport. Was Liebe anging, so war das für uns etwas vollkommen Unbekanntes.
Sommer. Eine herrliche Zeit, trotz der Fliegen, der Moski-

tos, der Kakerlaken. Die Straße schien weit zu klaffen, wie eine eben sezierte Leiche. Sie gab eine perfekte Ufa-Szenerie ab, mit all den Verwandten und Freunden, die aus ihren Fenstern hingen, meistens nur halb bekleidet. Nehmen wir die Schwester meines Vaters zum Beispiel – Tante Carrie. Eine gutmütige Schlampe, der das Bier ein bißchen zu gut schmeckte. Sie war ein höchst unbekümmertes Geschöpf, von lockerer Zunge und vollauf damit zufrieden, von morgens bis abends zu klatschen. Meine Mutter sah auf sie mit unverhohlener Abscheu herab. Ja, meine Mutter betrachtete die gesamte Nachbarschaft als einen einzigen Sündenpfuhl – und, was noch schlimmer war, als unsauber. Müßiggänger waren etwas Neues für sie. Und Frauen, die tranken. Nein, sie kannte wohl eine oder zwei, die tranken, aber die tranken heimlich. Man kann sich gut vorstellen, wie meine Mutter zu sich selbst sagt: «Wenn man schon vor die Hunde gehen muß, sollte man das so vornehm wie möglich tun.»
Aber die 85. Straße war weder vornehm noch heimlichtuerisch. Alles war offen zu sehen. Deswegen gefiel sie mir. Dazu kam noch ein Hauch von Weltklugheit, der im 14. Bezirk unbekannt war.
Ich hätte erklären sollen, daß drei verheiratete Schwestern von meinem Vater in dieser Straße wohnten – er kam selbst aus einem jener Häuser.
Er sah seine Schwestern nur in den Ferien. Meine Mutter hätte nicht im Traum daran gedacht, sie zu uns nach Hause einzuladen. Später erschienen mir diese seine Schwestern wie Charaktere aus Tschechows Figurengalerie. Sie waren freundlich, sanft, verständnisvoll, hatten aber wenig Schulbildung genossen. Ihre Ehemänner waren nicht viel besser daran. Einer von ihnen, Onkel Dave, dem ich später sehr zugetan war, konnte nicht einmal seinen eigenen Namen schreiben. Und doch war er als Amerikaner geboren. Er war Bäcker von Beruf. Seine Frau, Tante Amelia, eine weitere Schwester, war äußerst liebenswert. Unglücklicherweise sollte sie in jungen Jahren an Krebs sterben. Alle schienen sie mit unheilbaren Krankheiten geschlagen zu sein, und doch strahlten sie immer Heiterkeit aus, hatten Spaß an

derben Witzen und liebten die kleinen Dinge im Leben. Bier kostete praktisch nichts in der damaligen Zeit und wurde in großen Mengen konsumiert – offenbar ohne daß jemand allzu betrunken wurde. Sie tranken, weil sie durstig waren und weil das Bier gut schmeckte. Sie tranken nie, bloß um sich zu betrinken oder um ihre Sorgen zu ersäufen.
Mein Onkel Henry war der Vater meines Cousins Henry. Ein Koloß von einem Mann, mit starkem deutschen Akzent, der die meiste Zeit in seinem wollenen Feuerwehrmannsunterhemd herumsaß. Mit dem «Humpen» vor sich, natürlich. Meine Mutter fand ihn absolut widerwärtig. Es stimmt, er hatte keine Manieren, aber wozu waren Manieren in solch einer Gegend denn auch nütze? Er war der Saufkumpan meines Vaters gewesen, als sie junge Männer waren. So kam es, daß er eine von meines Vaters Schwestern heiratete, denke ich mir. Wenn man die beiden Männer jetzt so Seite an Seite sah, fragte man sich, wie je irgend etwas sie verbunden haben konnte. Seltsamerweise hatte das Theater sie beide in seinen Bann geschlagen. Zu ihrer Zeit hatten sie die größten Schauspieler und Schauspielerinnen aus dem Ausland gesehen. Sogar Shakespeare gefiel ihnen, wenn er von namhaften Künstlern gespielt wurde. Wenn sie des Abends um den Tisch herum saßen, schnappte ich Bruchstücke ihres abenteuerlichen Lebens auf. Vor mir tat sich damit ein New York auf, das glanzvoll und romantisch war. Eine schmutzige Straße wie die vierzehnte verwandelte sich in eine großartige Allee voller Farbe und bedeutender Namen. Man spürte die Verwandtschaft, die damals zwischen Europa und Amerika bestand. Noch strömten Immigranten in großer Zahl ins Land, und viele von ihnen wurden reich oder berühmt. All die Namen, auf die wir mit Wehmut zurückblicken, waren damals lebende Idole. In jeder Bar oder Kneipe oder in einer Hotelhalle wie der des Waldorf Astoria konnten sie einem in Fleisch und Blut begegnen.
Wegen seines Umfangs, seiner üppigen Behaarung und wegen des unrasierten Zustands, in dem er sich normalerweise befand, sah Onkel Henry komisch wild aus. Er war na-

türlich zahm wie ein Lamm, und die Art und Weise, wie er mit seinem Sohn sprach, bedeutete für mich eine Offenbarung. Der Eindruck, den ich gewann, war, daß Cousin Henry etwas sehr Kostbares sei und daß man nicht genug für ihn tun könne. In gewisser Hinsicht ähnelte mir Cousin Henry. Jedenfalls verstanden wir einander vollkommen. Nichts, was er sagte oder vorschlug, überraschte mich je. Er war ein seltsamer Junge für sein Alter. Ich meine, er benahm sich wie ein Mann und handelte offenbar immer vernünftig. Selten kam es vor, daß er lachte oder Witze erzählte. Für ihn war ich geradezu ein Phänomen. Er kam nicht über die Tatsache hinweg, daß ich so ein großer Leser war. Ich brachte immer meine Lieblingsbücher mit, und bei der ersten günstigen Gelegenheit las ich ihnen laut vor. Das Ergebnis war gewöhnlich niederschmetternd. Einer meiner Zuhörer nach dem andern schlief ein. Manche schnarchten heftig. Aber anscheinend störte mich das nicht. Ich las weiter, nun wahrscheinlich für mich selbst.

In jenen Tagen konnte ich ein Buch ein dutzendmal lesen, wenn es mich interessierte. Ich war vertraut mit den biblischen Geschichten, mit Äsops Fabeln, Aladins Wunderlampe, mit Homers Ilias und Odyssee und dergleichen Literatur. Das waren sehr vertraute Sachen für mich, die zu lesen keine Anstrengung erforderte. Warum sie anderen nicht sofort gefielen, blieb mir immer rätselhaft. Robin Hood und Helena von Troja waren wie nahe Freunde. Ich fand, daß ich eine Menge erklären mußte, wenn ich meinen kleinen Freunden diese Dinge vorlas. Sie wollten immer wissen, warum oder warum nicht. Äußerst quälende Fragen.

Dagegen schienen die Mädchen, die zuhörten, entzückt zu sein. Ich stieg ein paar Stufen in ihrer Achtung auf Grund dieser meiner Vorliebe. Die anderen Jungen verschlangen offenbar die billigen Hefte, die für sie gemacht wurden, wie Nick Carter, Buffalo Bill und so weiter. Ich selbst war nie imstande, ein einziges von diesen Heften zu lesen. Sie hatten mir nichts zu bieten.

Unter Cousin Henrys vielen sonderbaren Freunden gab es einen netten Burschen, den ich Louie nennen möchte und der mich heute aus irgendeinem seltsamen Grund an eine von Hermann Hesses unvergeßlichen Gestalten erinnert. Louie, wie wenig einnehmend sein Äußeres auch wirkte, übte einen Zauber aus, gegen den niemand immun war. Er sprach angenehm und geschmeidig, ziemlich über die Köpfe der Leute hinweg; sein Benehmen war von vollendeter Höflichkeit, seine Neugier selbst in den geringfügigsten Dingen absolut maßlos. Er schien über alles Bescheid zu wissen und glücklich zu sein, wenn er sein Wissen anbringen konnte. Bei alldem war er äußerst bescheiden und demütig. Man betrachtete ihn als wandelndes Lexikon. Wir nährten uns wie Säuglinge an seiner Brust. Er war auch ein wenig medial veranlagt, dieser Louie. Zum Beispiel konnte er uns mit seinem Bericht über das Leben im verschollenen Atlantis verblüffen und sich dann einem der Jungen zuwenden, mit dem Finger auf ihn zeigen und ihn ermahnen, gut auf sich aufzupassen, da er spüre, es bestünde eine gute Wahrscheinlichkeit, daß der Junge in ein paar Tagen Lungenentzündung bekomme. Oder er sagte irgendwo ein großes Feuer voraus, und die Ereignisse gaben ihm später recht.

Trotz dieser Fähigkeiten war Louie noch sehr kindlich. Bot man ihm einen Bonbon oder ein Stück Kuchen an, machte man ihn ganz glücklich. Um das Bild zu vervollkommnen, hätte man ihm nur noch einen Luftballon in die Hand zu drücken brauchen. Aber womöglich hat das auch seinen Charakter verändert, denn Louie besaß viele Seiten. Mit einem Ballon in der einen und einer Zuckerstange in der andern Hand hätte sich Louie leicht in einen kindlichen Mörder verwandeln können. Man sollte auch bedenken, daß Louie in unserer Mitte jemand ganz anderes war als unter Erwachsenen. Wie an so vielen engelhaften Typen war etwas Finsteres an Louie, an seiner Fähigkeit, Älteren zu gefallen und sie zu täuschen. Das Übelste, was ich über ihn je hörte, war sicher, daß er zwanghaft Katzen erdrosselte.

Eines Nachts fragte mich Cousin Henry, ob der Lärm mich wachhalte. «Welcher Lärm?» fragte ich.

«Da ist so ein Verrückter in der nächsten Straße, der jede Nacht betrunken nach Hause kommt und seine Frau verprügelt. Man kann sie straßenweit hören.»

«Ich habe nie etwas gehört», sagte ich.
«Gut.» Pause. «Ach, Henry», begann er, «ich wollte dir noch etwas erzählen. Weesie hat mir gesagt, ich soll dir sagen, daß sie ihre Zimmertür unverschlossen läßt. Sie hofft, daß du sie einmal nachts besuchst.»
«Ich dachte nicht, daß es ganz so ernst ist», sagte ich, weil ich nicht wußte, was ich tun oder sagen sollte.
Cousin Henry ging nun dazu über, mir zu erklären, wie ich zu ihrem Zimmer kam, was eine ziemlich komplizierte Angelegenheit war. Ich sagte, ich würde sie unverzüglich besuchen.
Genau wie er gesagt hatte, war ihre Tür nur angelehnt. Ein schwaches Licht drang heraus. Ich öffnete die Tür und trat auf Zehenspitzen ein. Weesie begrüßte mich aus einer dunklen Ecke, in der ihr Bett stand. Sie sprach in natürlichem Tonfall, als wollte sie mir versichern, daß es nichts zu befürchten gab.
Ich näherte mich langsam und schüchtern ihrem Bett. Sie knipste ein weiches Licht an und setzte sich im Bett auf.
«Du wolltest, daß ich komme?» sagte ich.
«Natürlich», antwortete sie. «Ich warte seit Tagen darauf, dich zu sehen. Ich möchte mich mit dir unterhalten – über viele Dinge.»
Ihre letzten Worte beruhigten mich. Wenn sie bloß Unterhaltung wollte – davon hatte ich mehr als genug zu bieten.
«Henry», begann sie, «du bist so anders als die übrigen. Ich habe mich in dich verliebt, bevor ich dich überhaupt kennengelernt habe. Dein Cousin Henry hat mir eine Menge von dir erzählt. Er verehrt dich nämlich, weißt du?»
Ich wußte es nicht, aber ich nickte bestätigend.
Weesie fuhr fort. «Ich bin ein bißchen älter als du, das macht es mir leicht, offen mit dir zu reden. Ich habe das Gefühl, du könntest mir etwas beibringen. Manche von den Büchern, die du erwähnst, würde ich furchtbar gern lesen. Niemand hier in der Gegend liest solche Sachen.»
Ich war verlegen, aber nicht allzusehr. Ich war nie zuvor so auf den Sockel gestellt worden. Das Seltsame daran war, daß ich mit einem Mädchen sprach. Ein paar Jahre später,

als ich Klavierspielen gelernt hatte, konnte ich sie mit meinem Talent in Erstaunen setzen. Jetzt waren es Wörter – nur Wörter, die mir zur Verfügung standen. Ich muß ihr viel Quatsch erzählt haben, aber ihr gefiel es. Sie sagte, wenn ich wolle, könne ich zu ihr ins Bett kommen und die ganze Nacht reden. Ich wußte mir das nicht zu deuten. Ich hielt es für besser, außerhalb des Bettes zu bleiben. Es schien sie nicht zu kümmern, auf welche Weise es weiterging. Das machte mich noch zufriedener – und redseliger. Ich war gerade voll in Fahrt, als plötzlich im angrenzenden Zimmer ein lautes Geräusch ertönte. Es war ihre Mutter. Wir beschlossen, ich ginge wohl besser. Ich gab ihr schnell einen Kuß und fand zurück zu meinem Zimmer.
Ich wunderte mich nicht sehr über das Vorkommnis, seltsamerweise. Wenn ich bei Cousin Henry wohnte, konnte mich nichts völlig überraschen. Ich wußte natürlich, daß es von nun an ein geheimes Band zwischen Weesie und mir gab.
Ich dachte manchmal, vielleicht würde ich sie eines Tages heiraten.
Am nächsten Tag war es glühend heiß. Wir erwachten in einer Luft, als seien sämtliche Öfen angedreht. Nacheinander versammelten wir uns instinktiv in Cousin Henrys Keller, dem kühlsten Fleck im Haus. Wir brachten Murmeln mit und Kreisel und Würfel. Wir hatten auch schmierige Kartenspiele dabei. Alles, womit man sich die Zeit vertreiben konnte. Die Aufgabe der Mädchen war es, kühle, köstliche Getränke zu bereiten. Und so weit wie möglich außer Sicht zu bleiben.
An diesem Morgen begrüßte mich Weesie mit einem besonders warmen Lächeln und einer Umarmung. Ich bemerkte zum erstenmal, daß das Kleid, das sie trug, sich an ihre Figur anschmiegte. Es bestand aus einem ganz weichen, ganz femininen Stoff, den Frauen selten tragen. Zu meinem ehrlichen Erstaunen sagte sie, als sie sich von mir löste: «Du sollst mir nicht gleich antworten. Morgen oder übermorgen reicht. Was ich gern wissen möchte, ist, wie du über Gott denkst. Glaubst du, daß es einen gibt? Liebst du ihn? Erzähl mir nicht, was sie dir in der Kirche erzählt haben –

den Kram kenne ich. Erzähl mir, was du selber ehrlich denkst. Tust du das für mich, ja?»
Die heiße, schwüle Luft, die Art, wie ihr Kleid sich an ihren Körper anschmiegte, der Geschmack ihrer Lippen – alles verbündete sich, um ihren Worten noch eine andere Bedeutung zu verleihen. In jedem Falle war es eine höchst ungewöhnliche Frage, und besonders für ein Mädchen ihres Alters. Es war das erste Mal, daß dieses Thema wieder aufgeworfen worden war, seit den Tagen, als Stanley und ich uns des Abends auf den Stufen vor seiner Tür unterhalten hatten.
Was ich gerade sagen wollte, ist, daß Weesie damit, daß sie diese Millionen-Dollar-Frage stellte, in Wirklichkeit zu sagen schien: «Es ist so verdammt heiß heute, warum ziehen wir uns nicht aus und lieben uns? Ich wollte schon die ganze Zeit mit dir ficken, seit du angekommen bist. Aber du scheinst immer wichtigere Dinge im Kopf zu haben.»
Wie kann ich diese scheinbare Gleichgültigkeit von meiner Seite erklären? War ich einfach zu jung, oder war es ein Aspekt meines «Andersseins»? Oder war es bloß natürliche Reinlichkeit? Wenn ich daran zurückdenke, entzieht es sich mir jeder Erklärung. Es lag nicht daran, daß Weesie unattraktiv gewesen wäre oder daß es ihr an Verführungskraft gefehlt hätte. Sie trug sehr wenig Kleidung, keine Höschen, und entblößte sich ständig. Vielleicht hätte sie zwei, drei Jahre älter sein sollen, als sie war. Es stand außer Frage, daß der Altersunterschied zählte. Wäre sie zwanzig oder einundzwanzig gewesen, hätte das ganze Bild wohl anders ausgesehen. Aber sie war es nicht. Und wäre sie viel älter gewesen, hätte sie nicht mit uns im Keller gespielt.
Die andern Mädchen lasse ich unerwähnt. Jeder in der Bande schien sein eigenes Mädchen zu haben. Mir kamen sie langweilig und ausgesprochen uninteressant vor.
Zur damaligen Zeit war die Gegend überwiegend deutsch, nur am Rande wohnten vereinzelt einige Böhmen. Es gab dort zahlreiche Kneipen, Restaurants, Billard-Salons und Tanzsäle. Ich bezweifle, daß es irgendwelche Bordelle gab. Es war eine äußerst ehrbare Nachbarschaft, frech und ordinär in vieler Hinsicht, aber dennoch ehrbar.

Es ist nicht gerade...

... die feinste Gegend New Yorks, in der Henry Miller seine Jugend verbringt, und seine Freunde stammen auch nicht aus besseren Familien. Eines aber haben diese Jugendfreunde gemeinsam: die Hoffnung, einmal nach oben zu kommen.

Wäre man ihnen allerdings mit dem Vorschlag gekommen zu sparen, hätten sie nur ungläubig gelächelt.

Unvorstellbar wären ihnen auch die Möglichkeiten gewesen, die sich uns hierzulande bieten, wenn es darum geht, etwas Sinnvolles mit seinem Geld anzufangen.

Pfandbrief und Kommunalobligation

Meistgekaufte deutsche Wertpapiere - hoher Zinsertrag - bei allen Banken und Sparkassen

Verbriefte  Sicherheit

Ein Unterschied zwischen Henrys Leben und meinem bestand darin, daß er nie in die Kirche ging. Seine Eltern wußten mit Religion nichts anzufangen und ließen Cousin Henry selbst entscheiden. Wenn er zu mir nach Hause kam, nahm ich ihn mit in die Sonntagsschule. Er war äußerst interessiert und überrascht, wie frei und unbekümmert es zuging. Was ihm auch gefiel, war das Tingeltangel, das natürlich keiner von uns besuchte. Aber in die Samstagnachmittags-Vorstellungen des Vaudeville-Theaters gingen wir. Das Theater war für ihn etwas Unbekanntes, und er fühlte sich dort sofort wie zu Hause. Es machte ihm auch Spaß, sich mit mir in den Straßen herumzutreiben. Sie unterschieden sich sehr von denen in seiner Nachbarschaft und übten auf ihn die Faszination des Fremdartigen aus.
Ich vergaß einen kleinen Vorfall in der presbyterianischen Kirche, in die ich ihn mitnahm, zu erwähnen. Der Geistliche dieser Kirche war Engländer und wohlhabend. Ziemlich aristokratisch und deutlich herablassend. Als wir an jenem Nachmittag fortgehen wollten, trat er plötzlich zu uns und fragte, wer unser Freund denn sei. Ich sagte es ihm. «Und welcher Konfession gehört er an?» fragte er leutselig. «Keiner», antwortete ich prompt. «Er ist Atheist.»
«So, Atheist ist er», sagte der Geistliche. «Nun, dagegen werden wir wohl etwas tun müssen.» Und lachte noch vor sich hin, während er davonschritt.
Cousin Henry war wütend. Zunächst dankte er mir dafür, daß ich dem Geistlichen gegenüber ehrlich gewesen war. Aber dann giftete er los über die lässige Art, mit der der Geistliche die Neuigkeit, daß er Atheist sei, aufgenommen hatte. Atheist sein, das bedeutete für Cousin Henry beinahe das gleiche wie Anarchist sein. Man nahm Anarchisten nicht leicht und Atheisten auch nicht. Das war eine Seite an meinem Cousin, die ich vorher noch nie gesehen hatte, und er stieg dadurch in meiner Achtung. Was mich anging, so gab es nichts, woran mir zutiefst lag.
Am meisten war Cousin Henry von Mrs. O'Melio und ihren Katzen angetan. Wie Stanley hatte er großen Respekt vor einer Frau, die diesen Geschöpfen so viel Zeit und Aufmerksamkeit schenkte.

Gleichermaßen fasziniert war er von dem Tierarzt unter Mrs. O'Melio. Er konnte stundenlang dastehen und dem Arzt beim Kastrieren eines Hengstes zuschauen. Das waren Dinge, die es in seiner Nachbarschaft einfach nicht gab. Er sagte, es sei schade, daß Louie nicht dabei sei. Louie würde solche Dinge zu schätzen wissen.
Es hat den Anschein, als habe es bei mir in der Nachbarschaft mehr Geschäfte, mehr Obststände, mehr Bäckereien gegeben. Und mit allen stand ich in freundschaftlichem Verhältnis, Mr. Daly eingeschlossen, der seinen eigenen Fischmarkt betrieb. Hin und wieder warf er mir ein paar Köpfe von Fischen zu, die er gerade säuberte, und sagte: «Da, gib sie dieser Mrs. O'Melio für ihre Katzen.»
Allmählich dämmerte mir, daß ich mir um eine Sache keine Sorge zu machen brauchte – um Arbeit. Schon redeten sie davon, Cousin Henry in der Pfeifenetui-Fabrik unterzubringen, in der sein Vater arbeitete. Man hätte niemals vermutet, daß dieser dicke, schwerfällige Mann, sein Vater, so schöne, zierliche Pfeifenetuis herstellen konnte. Natürlich war es eine Zeit, wo Pfeifen in Mode waren, nicht Zigaretten. Besonders die Meerschaumpfeife, die in der Tönung vom Rauchen immer schöner wurde. (Ich erinnere mich, daß ich eine zum 21. Geburtstag bekam – und zu schätzen wußte.)
Ich hatte noch einen anderen Onkel Henry, der ebenfalls in einer Fabrik arbeitete, ebenfalls ein großer, schwerer Mann war und ebenfalls eine zierliche Arbeit tat. Dieser Onkel stellte Zahnstocher her, die man an der Uhrkette trug. Sie waren entweder aus Gold oder hatten einen perlenbesetzten Griff und waren recht teuer.
Beide Gewerbe spiegelten die Sitten der Zeit wider – den gediegenen Bürger mit billigem Geschmack, protzig, hyperehrbar.
Es gab Dinge an meinem Cousin Henry, die mir schwer verständlich waren. Seine Anhänglichkeit oder, wenn man so will, seine Zuneigung zu Alfie Melta. Alfie war, wie ich schon sagte, ein geborener Lügner, ein Kriecher, ein Sadist und ein Feigling. Henry war offenbar fasziniert von seinem Talent, Bandenchef zu werden. Er hatte recht da-

mit. Etwas später sollte Alfie Gangster werden, ein ziemlich bekannter sogar, und im Rampenlicht bleiben, bis er von einem anderen Bandenchef niedergemetzelt, zu Tode gestochen wurde, der dann seinerseits in irgendeiner finsteren Gasse erschossen wurde. Es ist komisch mit diesen Banden. So klar wie Norden und Süden. Da hat einer keine Wahl. Er ist entweder dafür oder dagegen. Er tut es entweder, oder er tut es nicht. *Er muß Partei ergreifen*, das ist das Gebot. Aber er sucht sich die Partei nicht aus. Er muß die Seite wählen, auf der er geboren ist, ob gut oder schlecht. Warum es einen Norden und einen Süden geben muß – das ist eine Sache des Klimas und der unterschiedlichen Lebensweisen. Unvermeidlich, könnte man sagen. Und also lernt ein Mann von frühauf hassen und lieben, töten, was ihm nicht paßt.
Wenn Alfie niemand war, mit dem man prahlen könnte, so waren es viele andere ebensowenig. Meine Idole waren Ausnahmen, wahrhaft seltene Vögel in einer korrupten Welt. Und es machte mich ein wenig traurig, auch wenn ich es mir nie anmerken ließ, daß Cousin Henry diese meine Idole niemals zu bemerken schien, mich nie nach ihnen fragte. Wie konnte er Johnny Paul übersehen?
In beiden Vierteln hatten wir die gleichen Leute – Dummköpfe, Trottel, Idioten, Wahnsinnige, Gangster im Anfangsstadium und ab und zu einen potentiellen Anführer. Das Anziehende waren weniger die Unterschiede als die Ähnlichkeiten zwischen uns.
Darin erwiesen sich die Mädchen als besser. Sie hielten nach Individuen Ausschau, nicht nach Schafen von derselben Sorte. Für einen Jungen jedoch war es beinahe unmöglich, sich die Freiheit eines Landes wie, sagen wir, Schweden oder der Schweiz zu erringen, oder auch nur die neutrale Haltung eines Landes wie Luxemburg oder Liechtenstein. Wir waren von Geburt an gebunden. Politische Faustpfänder, könnte man sagen, aus denen wir uns zu politischen Monstrositäten entwickelten, die Krieg akzeptierten, Korruption akzeptierten und Schweinereien jeglicher Art.
Jedesmal, wenn ich wieder zu Cousin Henry auf Besuch kam, empfand ich noch bewußter die Wärme, mit der ich

empfangen wurde. Seine Eltern behandelten mich in keiner Weise anders als ihn. Lauter Wärme und Zärtlichkeit. Ganz anders als die Atmosphäre in meiner Familie.
Und dann gab es da die herrlichen Scheiben Roggenbrot mit sahniger süßer Butter und Zucker darauf, die seine Mutter uns gab, wenn wir vom Spielen heimkamen. Sie tat das, als wären wir zwei kleine Engel. Nie hätte sie für möglich gehalten, das gute, unschuldige Geschöpf, wessen ihre zwei «lieben kleinen Jungen» fähig waren. Nie hätte sie geglaubt, daß wir zwei in einer Banden-Steinschlacht einen Jungen umgebracht hatten. Nein, wir sahen aus wie immer an jenem Tag, oder vielleicht ein wenig blasser, denn wir waren uns des Verbrechens bewußt, das wir begangen hatten. Tagelang zitterten wir, wenn unerwartet an die Tür geklopft wurde. Ständig dachten wir an die Polizei. Glücklicherweise wußte keiner in der Bande, daß wir für den Totschlag verantwortlich waren. Wir waren intelligent genug, den Mund zu halten. Außerdem war es ein Unfall und kein vorsätzlicher Mord. Sobald es geschehen war, hatten wir uns davongeschlichen. Wie Helden fühlten wir uns deswegen nicht.
Aber wenn ich an meine Tante Amelia denke, an ihr gutes, einfaches Gesicht, das ganz mit Windpockennarben bedeckt war, dann weiß ich, daß sie tatsächlich das war, was man einen «reinen» Menschen nennt. Ich bin überzeugt, wenn wir ihr erzählt hätten, was passiert wäre, hätte sie uns sofort verziehen und uns gedeckt und beschützt.
Da war es mit meiner Mutter ganz anders. Ich konnte sie nie täuschen, wenn ich es auch viele Male versuchte. Ich glaube, sie durchschaute früh, daß in ihrem Sohn auch etwas Böses steckte, daß er zu undenkbaren Dingen fähig war, zu Dingen, die sie lieber nicht in den Vordergrund ihres Bewußtseins dringen lassen wollte. Sie war eine «ehrbare» Frau. Jeder räumte das ein. Ehrbarkeit! Wie ich dieses Wort haßte! Nicht, daß man es viel im Munde führte. Aber es war da, hing in der Luft, vergiftete all mein Denken und Tun.
Wenn ich so zurückblicke, frage ich mich – glaubten diese ehrbaren Erwachsenen wirklich, wir würden die ganze

Scheiße schlucken, mit der sie uns bis obenhin vollstopften? Glaubten sie wirklich, wir seien so dumm, so naiv, so blind? Schon als ich noch kurze Hosen trug, konnte ich ihre Gedanken lesen. Ich brauchte nicht aufzuwachsen und Psychologe zu werden, um zu begreifen, daß sie uns nichts als Scheißdreck in die Hand gaben und daß sie als die Stärkeren und Mächtigen uns dazu zwangen, ihre Lügen hinzunehmen. Manche unter ihnen waren so offenkundige Lügner, so offenkundige Heuchler! Man mußte sich für sie schämen. Und dann die Frommen, die nur das beste für einen wollten und einen deshalb bestraften! Was für eine Scheiße das war!
Ja, jedesmal, wenn ich wiederkam, war der Empfang wärmer. Weesie entwickelte sich zu einer richtigen Frau. Sie rundete sich. Ihre Brüste waren genauso, wie es sich gehörte. Und sie hatte Haare sowohl unter den Armen wie auch zwischen den Beinen.
Gelegentlich gingen wir in den nahen Carl-Schurz-Park, setzten uns auf eine Bank oder ins Gras und diskutierten über ein paar von jenen grundsätzlichen Fragen, die sie mir so gern stellte. Ich konnte sie besser in ihrem Zimmer beantworten, wenn ich eine Hand zwischen ihren Beinen hatte. Sie war lasziv, diese Weesie, und ließ sich gern streicheln. Und sie trug immer so verführerische Kleidungsstücke, vor allem jenes Tüllkleid, das ich schon erwähnt habe und das sich ihrem Körper anschmiegte wie ein Vorhang.
Weesie sah ebensowenig einer höheren Schulbildung entgegen wie mein Cousin Henry. Es sollte nicht mehr lange dauern und sie wurde Verkäuferin bei Five-and-Ten. Sie hatte einen guten Verstand, diese Weesie. Es war ein Vergnügen, mit ihr zu diskutieren. Wie sie es mit den Tölpeln aushielt, die Cousin Henrys Freundeskreis bildeten, weiß ich nicht. Wie so viele der Bewohner dieser Gegend war sie mit einem unbekümmerten Wesen gesegnet oder geschlagen. Es war ihr nicht so wichtig, ob die Dinge so oder so abliefen. Wäre ich nicht sehr bald meiner ersten Liebe begegnet, ich glaube, ich hätte mich tief in Weesie verlieben können. Aber sobald es Cora Seward gab, war es mir unmöglich, ein anderes Mädchen anzusehen.

Ich glaube nicht, daß ich meinen Cousin Henry noch besuchte, nachdem ich in die High School gekommen war. Wie ich schon sagte, waren seine Eltern nicht an höherer Bildung interessiert. Was sie brauchten, war ein zusätzlicher Brotverdiener. Und als er die Grundschule abgeschlossen hatte, wurde Henry genau das. Es bereitete keine Schwierigkeit, ihm einen Job in der Fabrik seines Vaters zu besorgen. Die Geschäfte gingen gut im Augenblick. Und so beschaffte sich Henry eine Frühstücksdose wie sein Vater. Sie fuhren zusammen zur Arbeit und kamen zusammen heim. Ich hörte Henry nie darüber klagen, daß sein Job stumpfsinnig oder langweilig sei oder die Arbeitszeit zu lang.
Mir war die Situation beinahe unverständlich. Es war, als hätte er sich freiwillig entschlossen, ins Gefängnis zu gehen. Aber sie taten es alle, in meiner Nachbarschaft sowohl wie chez Cousin Henry. So wie man zum Militär geht. Wenn es soweit ist, meldet man sich zur Stelle. Keine Fragen.
Ich muß Henry von nun an nur noch in langen Abständen gesehen haben – ich habe das alles nur sehr undeutlich in Erinnerung. Ich hörte von ihm über einen gemeinsamen Cousin, der in demselben Haus wohnte.
Nach einigen Jahren heiratete er, bekam zwei Kinder und zog in die Vororte auf Long Island. Es war eine elende, gottverlassene Gegend, deprimierend, schauerlich, abstoßend. Dort begann ihn dann das Mißgeschick zu verfolgen. Ich wußte nicht, wie schlimm es war, bis ich ihn eines Tages besuchte. Mein Besuch war ein Akt der Verzweiflung. Wir waren wieder pleite, June und ich. Und ich hatte schon alle Freunde abgeklappert, die mir einfielen. Da sah ich eines Morgens Henrys Bild vor mir. Er hat einen Job, er muß ein bißchen Kies übrig haben, dachte ich. Aber ich hatte mich geirrt. Er war arbeitslos, die Fabrik hatte den Betrieb eingestellt. Und noch dazu war erst vor wenigen Monaten seine Frau gestorben. Er selbst war offenbar in sehr schlechter Verfassung.
Ich setzte mich und hörte mir seine Leidensgeschichte an. Tränen liefen mir über die Wangen, während ich zuhörte. Er war so schrecklich hilflos. Es gab niemanden, den er um

Hilfe angehen konnte. Seine Freunde schienen sich verflüchtigt zu haben. Es gab keine Pfeifenetui-Fabriken mehr, die noch arbeiteten. Die Leute hatten sich von schönen Pfeifen abgewendet, und damit auch von Pfeifenetuis.
Ich war gekommen, um mir ein paar Cents zu borgen. Fünfundzwanzig Cent hätten mir schon geholfen. Aber seine Taschen waren leer, und ich hatte Schuldgefühle, weil ich vorgehabt hatte, ihn anzubetteln. Ich hätte heimgehen und für ihn Geld borgen sollen, auf Biegen oder Brechen. Aber ich stand selber mit dem Rücken gegen die Wand.
Wir verließen gemeinsam sein Haus und gingen zur Bahnstation. Der Weg war düster und trostlos – eine äußerst erbärmliche Gegend. Wir schüttelten einander die Hand, taten, als ob wir lächelten, und sagten uns Lebewohl. Und das war meine letzte Begegnung mit Cousin Henry.

4.

Jimmy Pasta

Public School Nr. 17. Meine Grundschule – an der nördlichen fünften Straße und der Driggs Avenue.

In der Mittelstufe war er mein einziger Rivale. Er war sportlich gesonnen wie ich, ein eifriger Schüler und voller Ehrgeiz. (Er strebte danach, eines Tages Präsident der Vereinigten Staaten zu werden – nichts Geringeres.) Der Umstand, daß sein Vater Schuster und Einwanderer aus Sizilien war, verstärkte nur seinen Ehrgeiz, glaube ich. Außerdem liebte ihn sein Alter und hätte ihm jedes Opfer gebracht.
Wir kamen nicht schlecht miteinander aus, Jimmy und ich, aber wir waren nie das, was man dicke Freunde nennen würde. Der einzige enge Freund, den ich während dieser Schuljahre hatte, war Jack Lawton. Aber er starb sehr früh – mit zwölf oder dreizehn – an Herzrheumatismus.
Unsere Beziehung war aus zweifachem Grund eher kühl. Jimmy war ein «Spaghetti» und katholisch, und ich war ein Produkt jenes hundertprozentig amerikanischen Weiße-Kragen-Protestanten-Stammes, der Amerika zu beherrschen scheint. Jimmys Freunde kamen alle aus der unteren oder untersten Schicht. Alle waren sie gute Boxer – einige machten sich in Amateurboxkreisen bereits einen Namen. Aber was ich an Jimmy wohl am wenigsten vertragen konnte, war sein Stolz und sein Ehrgeiz. Er wollte immer und überall an der Spitze sein. Schlimmer noch, er *glaubte* an diese Mythen und Legenden über unsere Heroen. Man konnte ihn nie davon überzeugen, daß George Washington ein rechtes Arschloch war oder daß Thomas Jefferson mehrere Kinder von seinen Negersklavinnen hatte.
Die Lehrer vergötterten ihn natürlich und halfen ihm in jeder Weise. Niemand wagte es, sich je über ihn lustig zu machen. Er war sehr dunkelhäutig, er schielte auf einem Auge – und er hatte einen italienischen Akzent.
Jimmy legte Wert darauf, mit jedermann gut Freund zu sein. Das war seine «politische» Seite. Ich hatte vor Jimmy nie jemanden gekannt, der von Ehrgeiz erfüllt war. Mir kamen seine irren Unternehmungen nicht ganz normal vor.
Ständig war er am Organisieren oder am Sammeln für dieses oder jenes. Mit zwölf, dreizehn benahm er sich wie ein Erwachsener. Das war unnatürlich. Ich lehnte die Einladung ab, dem Club beizutreten, den er gegründet hatte. Ich er-

zählte ihm nie von *unserem* Club. Er hätte den Geist, der uns beseelte, nicht verstanden. In Jimmys Augen wollten wir nichts und kamen zu nichts. Alles, was er tat, mußte einen Zweck und einen Sinn haben. Es erübrigt sich zu erwähnen, daß dies nicht der vorherrschende Geist bei den Tiefen Denkern oder in der Xerxes-Gesellschaft war.
Jimmy schaffte es auch, daß sein Name häufig in den Lokalzeitungen stand. Er wurde ständig gelobt, bewundert oder beneidet.
Einmal nahm er am Marathonlauf teil. Eine herzzerreißende Erfahrung und ein ziemlich blödsinniges Unterfangen – aber Jimmy mußte beweisen, daß er das Zeug dazu hatte.
Kaum war er aus der Schule – ich glaube, er besuchte die Abendschule –, da standen in der Zeitung Meldungen darüber, daß er Vorträge von Pfadfindern und anderen Gruppen hielt. Überschriften, die lauteten: *James Pasta spricht heute abend über «Loyalität und Gehorsam»*. Oder: *James Pasta spricht über das Thema «Was Männer groß macht»*. Dergleichen Zeug. Mein Alter las diese Hinweise in der Zeitung immer und erzählte mir dann in bedeutungsvollem Ton, wie sehr er Jimmy bewundere. «Der bringt es noch weit», sagte mein Vater gewöhnlich. «Anders als du», war stillschweigend darin mit enthalten. Er sah für mich überhaupt keine Zukunft.
Um die Zeit, als Jimmy sich Renommee verschafft, befinde ich mich in der Ausbildung zum Leutnant oder Kapitän einer Jungenbrigade namens «Battery A», die zu einer presbyterianischen Kirche gehörte, in die ich ging. Ich ging nur zur Kirche, weil ich in der Brigade sein wollte. Ich verbrachte vergnügte Stunden beim Drill im Souterrain dieser Kirche. Ich wurde bald Hauptfeldwebel und war sehr stolz auf meine roten Winkel. Rot, weil wir Teil der Artillerie waren – der Küstenwachartillerie.
Der Mann, der diese Brigade organisierte, Major – – –, war ein Schwuler. Er liebte Jungen – und alle Eltern sprachen von ihm als einem «reizenden Mann». Er liebte uns ein bißchen zu sehr, mehr als für ihn selbst gut war. Jeden Abend, wenn wir uns zum Dienst meldeten, führte er uns in sein kleines Büro, ließ uns auf seinem Schoß sitzen, und dann

herzte, drückte und küßte er uns, so viel er nur konnte. Wir alle fürchteten diese Sitzungen, aber keiner von uns hatte den Mut, ihn zu verraten. Es hätte uns auch niemand geglaubt, weil er gar nicht danach aussah. Er war wahrscheinlich bisexuell und liebte uns wahrscheinlich wirklich. Eines Tages verriet ihn allerdings doch jemand, und er wurde in Ungnaden aus der Kirche ausgestoßen. Um die Wahrheit zu sagen, er tat uns leid. Es gab üblere Kerle in der Kirche als den armen Major – – –, aber die wurden nie erwischt.
Jedenfalls war dies die Art von Aktivitäten, an denen Jimmy nicht teilnahm. Er war wahrscheinlich sowieso zu sehr mit der Schule beschäftigt. Er hatte sich entschlossen, Rechtsanwalt zu werden, und das wurde er auch, nach einem langen, mühseligen Kampf.
Wir begegneten uns jetzt nur noch selten – meistens durch Zufall auf der Straße. Bei jeder Begegnung tauschten wir unsere Ansichten aus – über Gott, über Politik, über Bücher und über den Stand der Welt. Irgendwie bewunderte mich Jimmy insgeheim schon in jenem frühen Stadium, weil er den Schriftsteller in mir spürte. Fast in allem waren wir verschiedener Meinung, aber auf freundschaftliche Art. Zum Schluß sagte ich ihm gewöhnlich, zwar glaubte ich nicht an Politik, aber ich würde für ihn stimmen, falls er kandidierte. Und es war mir ernst damit, obwohl ich, ehrlich gesagt, nicht ein einziges Mal in meinem ganzen Leben gewählt habe. Ja, wenn Jimmy für das Amt des Präsidenten der Vereinigten Staaten kandidiert hätte, ich hätte entschieden für ihn gestimmt. Er war ehrlich, wahrhaftig, ernsthaft und loyal.
Die Schule, die wir besuchten, war die Public School 85 – an der Kreuzung von Covert Street und Evergreen Avenue. Wir hatten eine Schulhymne, die wir bei bestimmten Gelegenheiten sangen. Sie begann: «*Liebe 85 . . .*» und war sehr sentimental, rührselig sentimental. Sogar heute noch bekomme ich ab und zu eine Karte von Jimmy, auf der er mich an die gute alte 85 erinnert. Er gehört natürlich zu den Honoratioren im Verein ihrer ehemaligen Schüler.
Aber diese Straße, die Evergreen Avenue – auch eine dieser Straßen von Brooklyn, die keinen Charakter besaßen. Nicht

gerade verslumt, aber arm, heruntergekommen und nicht einzuordnen. Jimmys Vater hatte seinen Schusterladen dort, fast gegenüber der Schule. Ich erinnere mich lebhaft an die Bäckerei und das Delikatessengeschäft. Sie wurden beide von Deutschen geführt. (Nur der Drogist war kein Deutscher. Er war Jude – und ein Mann, mit dem ich reden konnte.) Die übrigen waren wandelndes Gemüse – Rüben, Kohlrabis, Blumenkohlköpfe, Artischocken. Was man so «gediegene Bürger» nennt. Irgendwo an dieser Avenue gab es eine ganz und gar weiß gestrichene Baptistenkirche. Sonst erinnere ich mich an nichts. Nur an Eintönigkeit, Trostlosigkeit, Ladenbesitzer, Gemüse.
Die Schule wird mir immer in Erinnerung bleiben, vor allem wegen mehrerer ungewöhnlicher Lehrer. Nummer eins war Miss Cordes. «Miss», sage ich – sie dürfte zwischen fünfzig und sechzig gewesen sein. Was sie lehrte – Rechnen, Englisch oder was immer – war bloß zweitrangig, relativ unwichtig. Was sie uns wirklich beibrachte, und deswegen liebten wir sie alle, war brüderliche Liebe – wie man die Welt ansehen soll, seinen Nachbarn und sich selbst. Sie strömte Freude, Frieden, Zuversicht aus – und Glauben. Nicht religiösen Glauben, sondern Glauben an das Leben. Sie gab einem das Gefühl, daß es gut war, am Leben zu sein, daß wir *Glück* hatten, am Leben zu sein. Wie herrlich! Wenn ich an all die säuerlichen Visagen denke, die wir ertragen mußten, oder an die Sadisten, dann ragt Miss Cordes unter ihnen hervor wie eine Jeanne d'Arc. Ich sage oft, daß ich nichts gelernt habe in der Schule. Aber in Miss Cordes' Klasse gewesen zu sein, war ein großes Privileg und mehr wert als alles Wissen in der Welt.
Nummer zwei war Jack ———, Lehrer der Abschlußklasse. Er war, was man einen «Kauz» nennen könnte. Ich stellte mir vor, daß er entweder homosexuell oder bisexuell war. Die Lehrerinnen beteten ihn an. Er hatte eine schlüpfrige Zunge, konnte gewagte Geschichten erzählen und war immer guter Laune. Im Gegensatz zu Major ——— machte er niemandem von uns Avancen. Höchstens erzählte er uns schmutzige Geschichten. Wenn überhaupt, schien er Frauen zu mögen. Er war sehr frei mit ihnen – sowohl in seinen Re-

den wie auch mit den Händen –, und sie fanden das herrlich. Ich sehe noch immer vor mir, wie er Miss – – – das Hinterteil tätschelt und wie sie dazu kichert wie ein Schulmädchen.
Ich pflegte ihn zu beobachten, wenn er die Schule verließ, um nach Hause zu gehen. Er war sehr flott, war immer gut gekleidet, trug immer einen Bowler und manchmal einen Stock mit Elfenbeingriff. Wir lernten nicht sehr viel bei ihm. Wir hatten Spaß in seiner Klasse – er vermittelte uns das Gefühl, schon junge Männer zu sein, nicht vierzehn- oder fünfzehnjährige Kinder.
Es gab noch andere Lehrer, die ebenfalls wichtig in meinem Leben waren. Miss M., die ich gerade erwähnte, ließ mich gewahr werden, daß selbst Lehrerinnen Sex besitzen. Bei Miss M. ging es nicht einfach um Sex, sondern um die Möse. Man hatte das Gefühl, daß ihre ständig kribbelte, daß sie sich nach nichts mehr sehnte, als von Jack – eine Nelke im Knopfloch – ordentlich umgelegt zu werden. Man konnte sich sehr gut vorstellen, wie sie ihn in eine dunkle Ecke drängte und ihm den Schlitz aufmachte. Ihr Gesicht drückte permanent gefrorene Lust aus, ihre Lippen waren immer leicht geöffnet, als wartete sie darauf, einen Schwanz in den Mund zu nehmen. Ihr Lachen war dreckig. Sie war durch und durch unrein, könnte man sagen. Aber attraktiv. Die andern Lehrerinnen wirkten krank neben ihr. Sie trug enganliegende Röcke, weitausgeschnittene Blusen, die ihre schönen Titten enthüllten, und sie benutzte starkes Parfum, eines von der nach Moschus riechenden Sorte, die einem leicht einen Steifen macht, ob man nun scharf ist oder nicht.
Zu guter Letzt war da noch der brave, ehrliche Schotte, Mr. McDonald. Ich war noch ziemlich jung, als ich bei ihm in der Klasse war, und ziemlich schüchtern und unschuldig. Ich erinnere mich besonders an einen Tag, an dem er mich der Klasse als Beispiel hinstellte. Er hatte uns an der Tafel eine schwierige Rechenaufgabe erklärt. Als er fertig war, wandte er sich zur Klasse um und fragte, ob wir es jetzt alle verstanden hätten. Alle nickten zustimmend. Außer mir. Ich stand auf und sagte ihm, ich hätte überhaupt nichts verstanden. Worauf die gesamte Klasse in Lachen ausbrach.

Was ich doch für ein Blödkopf sei! Und auch noch aufstehen und es zugeben – nein, der Witz sei wirklich gut. Aber Mr. McDonald sah das anders. Er hob die Hand und gebot der Klasse Ruhe. Dann winkte er mir, noch einmal aufzustehen. Und dann sagte er der Klasse, sie sollten mich genau ansehen und versuchen, sich genauso zu verhalten. «Dieser Henry Miller hat Mut», sagte er. «Er schämt sich nicht zuzugeben, daß er etwas nicht weiß. Er ist aufrichtig, er ist ehrlich. Ich möchte, daß ihr euch ein Beispiel an ihm nehmt.»
Natürlich wußte ich nicht, wie mir geschah. Ich hatte mein Verhalten nicht vorausbedacht – es war einfach eine natürliche Reaktion. Aber ich war trotzdem ganz schön stolz auf mich.
Die einzige Person, die ich haßte und verabscheute, war der Direktor – Dr. Peewee. Für mich war er ein Geck, ein Angeber und ein Heuchler. Zunächst einmal entsprach er nicht meiner Vorstellung von einem Mann. Er war schmächtig, flachbrüstig und überheblich. Er vermittelte die Illusion, er sei ein großer Gelehrter, ein Doktor Allwissend, aber mir wurde nie klar, worin er eigentlich Doktor war. Ab und zu lud er einen Dr. Brown ein, die Schule zu besuchen und uns Schülern eine Chance zu geben. Offenbar war Dr. Brown einmal Schüler der «guten alten 85» gewesen. Sobald er auf dem Podium erschien, fing das gesamte Auditorium zu singen an: *«Liebe 85, immer woll'n wir danach streben, deinen Namen hoch zu ehren...»* Dann ließ Dr. Brown, der immer soeben gerade von einer seiner Auslandsreisen zurückgekehrt war, eine Rede vom Stapel, die vielleicht ein oder zwei Stunden dauerte. Immer sehr interessant, muß ich sagen. Irgendwo mittendrin wandte er sich dann Dr. Peewee zu und erzählte im rührendsten Ton, wie sehr er die gute alte 85 vermißt habe. Etwa in Singapur oder in Sierra Leone oder im Engadin – jedenfalls an einem fernen Ort, von dem niemand von uns eine Ahnung hatte. Das ging glatt herunter, wie ein guter Käsekuchen. Man fragte Dr. Brown nie, was zum Teufel er eigentlich an diesen fernen Orten tat. Sicherlich waren Dr. Peewee und George Wright zwei ganz verschiedene Typen von Direktoren. Dr. Peewee schien einer

Frau nie in die Augen zu sehen. Er schaute auch nie abschätzend auf ihren Hintern oder ihre Titten. Er kam ins Klassenzimmer hereingehuscht wie eine verirrte Eule, und ebenso huschte er wieder hinaus.
Er war häufig zu Besuch im Hause meines Freundes Jack Lawton, genau wie Major – – – und natürlich berühmte Gäste wie Dr. Brown oder irgendein scheeläugiger Senator oder Kongressabgeordneter. Die Lawtons stammten aus dem alten Land – England – und waren sehr gesellschaftsbewußt. Mit elf, zwölf war mein Freund Jack schon sehr weltmännisch und natürlich auch sehr wohlerzogen. Mir machte es immer Spaß, wenn ich ihn «Sir» sagen hörte. «Sir, darf ich Ihnen noch eine Tasse Tee eingießen?» oder sonst irgend etwas Beschissenes dieser Art. Was ihn den andern Schülern etwas verdächtig machte. War er schwul? Hielt er sich für etwas Besonderes? Was glaubte er eigentlich, wo er war? Und dergleichen. Er bewährte sich, indem er Oberleutnant in der Jugendbrigade wurde. Für sein Alter war er ein großer Leser. Mit vierzehn hatte er alles von Dickens und Kipling verschlungen, und das meiste von Joseph Conrad und Thomas Hardy. Er brauchte nicht zu arbeiten, ich meine, eifrig zu lernen, wie die meisten von uns. Alles fiel ihm leicht, so schien es. Er hatte auch das Glück, eine liebevolle, zärtliche Mutter zu besitzen. Er hielt nicht viel von Jimmy Pasta. Bezeichnete ihn als Aufsteiger und als ungehobelten Bauern. Natürlich konnte man sich unmöglich vorstellen, daß Dr. Peewee Jimmys Familie in den Hinterräumen des Schusterladens besuchte. Mrs. Pasta hätte kein Wort von dem verstanden, was Dr. Peewee sagte. Mr. Pasta auch nicht, soviel war klar.
Nur ein Stück weiter oben an der Straße oder Avenue befand sich, wie ich schon sagte, das deutsche Delikatessengeschäft. Ich sehe noch vor mir, wie ich jeden Sonntagabend dort hineinging und die immer gleichen Sachen für unser Sonntagsmahl einkaufte. Quark mit einer dicken Rahmschicht darauf, Salami, Leberwurst, Preßkopf, Kartoffelsalat, Blutwurst und eine Reihe anderer Würste, die sehr schmackhaft waren. Dann schnell in die Bäckerei gegenüber, wo ich entweder eine Apfeltorte oder einen Streu-

selkuchen erstand. Das war sommers wie winters unser Sonntagsessen. Und ich bekam es nie über.
Aber womit ich nie fertig wurde, das waren die Besitzer dieser Läden. Beide wurden von Frauen geführt, von fetten, aufgedunsenen, unwissenden, analphabetischen, engstirnigen, raffgierigen Frauen. Nicht ein einziges Mal hörte ich ein intelligentes Gespräch zwischen ihnen und einem ihrer Kunden. Sie machten mich rasend. Wenn ich sie bloß ansah, bekam ich schon Gänsehaut. Lange vor Hitler war ich antideutsch eingestellt. Später entdeckte ich, daß diese Deutschamerikaner schlimmer waren als die Deutschen selber, das heißt dümmer, schweinischer, gemeiner und geldgieriger. Kroppzeug.
Die Jahre vergingen, und Jimmy schindete sich immer noch ab und schielte mit einem Auge stets nach Publizität. Während Jimmy fleißig studiert, um seinen juristischen Grad zu bekommen und sich von dort zum Kongressabgeordneten heraufzuarbeiten, lebte ich fleißig mein chaotisches, zu nichts führendes Leben.
Ich hatte mich endlich von der Witwe befreit, indem ich ihr mitteilte, ich sei nach Juneau, Alaska, gegangen. Ich war gerade einundzwanzig. Ich kam niemals bis Alaska, und ich wurde auch kein Cowboy, wie ich gehofft hatte. Aber ich fand eine Reihe von Jobs auf Ranches. Dann lief ich eines Tages Emma Goldman, der Anarchistin, in San Diego über den Weg, und von da an änderte sich der ganze Lauf meines Lebens. Das heißt, statt draußen im Westen zu bleiben, entschloß ich mich, nach New York zurückzukehren und Intellektueller zu werden. Es waren ihre Vorträge über Nietzsche und andere berühmte europäische Autoren, die mich dazu brachten, die Richtung zu ändern. Natürlich hatte die Witwe auch etwas mit meiner Rückkehr zu tun. Ich merkte, daß ich sie vermißte, besonders unsere guten Ficks. Schließlich hängte ich sie aber doch ab. Ich hatte die Frau kennengelernt, die meine erste Ehefrau werden sollte. Sie war meine Klavierlehrerin. Ich kannte sie erst ein paar Monate, als ich sie heiratete. Wir stritten fast von Anfang an. Manchmal wälzten wir uns im Kampf auf dem Boden herum. Es war wahrhaft unwürdig, dieses Leben, das wir führten.

Eines Abends kam ich an einem Kino vorbei und faßte plötzlich den Entschluß hineinzugehen. Und wer kommt mir an der Tür mit einer Taschenlampe entgegen? Niemand anders als die Witwe. Sie war dort Platzanweiserin. Ich vergaß zu sagen, daß ich ihr irgendein Ammenmärchen aufgetischt hatte, als ich zum zweitenmal aus ihrem Gesichtskreis verschwunden war. In dem Augenblick, als ich das Theater betrat, brach sie in Tränen aus. Sie weinte noch, während sie mich zu einem Platz führte, und setzte sich neben mich. «Harry, Harry», sagte sie sanft, «wie konntest du mir das antun?» Und dann schluchzte und weinte sie noch ein wenig weiter. Ich wartete auf sie, bis ihr Dienst zu Ende war, dann begleitete ich sie nach Hause.
Als wir ihre Wohnung betraten, liebten wir uns natürlich erst einmal zur Versöhnung. Ehe man bis drei zählen konnte, hatte sie ihr Kleid weggeschleudert, lag auf dem Küchentisch und wartete darauf, daß ich ihn ihr hineinsteckte. Und während wir zu ficken begannen, begann sie wieder zu weinen. Wie jedermann weiß, läßt sich mit niemandem genüßlicher ficken als mit einer Frau in Tränen. Als wir fertig waren, hörte ich mir ihr Leid an, all das Mißgeschick, das ihr begegnet war, seit wir uns getrennt hatten. Sie tat mir ehrlich leid. Während ich nach Hause ging, kam mir eine Idee, die, so glaubte ich, das Problem lösen würde. Ich wollte meiner Frau die ganze Geschichte erzählen und sie bitten, mich die Witwe mit zu uns in die Wohnung nehmen zu lassen. Warum sollten wir drei nicht in Frieden und Harmonie zusammen leben können? Die Mormonen waren dazu imstande, oft mit vielen Frauen. Und ich hatte nicht die Absicht, die Witwe zu heiraten, sondern wollte sie nur als Freundin aufnehmen.
Natürlich ging meine Frau, als ich die Idee zur Sprache brachte, an die Decke. Sie sagte, ich müsse verrückt sein, wenn ich auf eine solche Idee auch nur verfalle. Ich nehme an, jede Frau wäre der gleichen Meinung.
Das Komische an alldem aber war, daß ich es ernst meinte. Ernst und ohne Hintergedanken. Aber ich war der einzige, der es so sah. Ich schämte mich zu sehr, um je wieder hinzugehen und die Witwe noch einmal zu besuchen. Pauline

hieß sie. Sie war eine gute Frau, hatte keine Laster und erwartete nur wenig. Durch mich versetzte ihr das Schicksal einen grausamen Schlag. Sicherlich hätte sie eine bessere Frau für mich abgegeben, als es meine erste war.
In dieser Zeit wechselte ich von einem Job zum andern und hielt nirgendwo sehr lange aus. Einen der besseren Jobs bekam ich durch einen Kunden meines Vaters. Grant war sein Name. Er war Vizepräsident, glaube ich, der Federal Reserve Bank in der Wallstreet. Mir wurde die Aufgabe zugewiesen, zusammen mit etwa dreißig anderen Männern und Frauen die Additionsmaschinen auf Fehler hin zu überprüfen. Eine langweilige Arbeit, aber die Bezahlung war gut, und meine Kollegen waren eine lustige Horde. Ich hatte den Job rund zwei Monate, und alles ging gut, da wurde ich eines Tages zum Personalchef gerufen. Zu meiner großen Überraschung erklärte er mir, ich sei entlassen. Warum? wollte ich wissen. Ob man mit meiner Arbeit nicht zufrieden sei.
Oh, an meiner Arbeit sei nichts auszusetzen, beeilte er sich mir zu versichern. Nur an meinem Charakter.
«An meinem Charakter?» rief ich.
«Ja», sagte er. «Wir haben Erkundigungen über Ihr Leben eingeholt, Ihre Freunde und Nachbarn befragt – wir wissen einiges über Sie.»
Und dann erzählte er mir, wie sie die Sache zwischen mir und der Witwe herausgefunden hatten.
«Wir stellen nicht Ihre Moralvorstellungen in Frage», fuhr er fort, «aber wir haben das Gefühl, Ihnen nicht vertrauen zu können.»
Weiter sagte er mir dann ins Gesicht, angesichts dieser offenkundigen Leidenschaft für eine ältere Frau könne man nicht wissen, was ich sonst noch tun würde.
Ich war wütend. «Was könnte ich denn tun, das der Bank schaden würde?» wollte ich wissen.
«Sie ausrauben!» sagte er höflich.
«Nein, das glauben Sie doch selbst nicht», sagte ich. «Das ist doch absurd.»
Er war anderer Ansicht. Er war nicht davon abzubringen. Ich war erledigt, kein Zweifel.

Und so ging es von einem Job zum andern. Bis ich es schließlich fertig brachte, vier Jahre als Einstellungsleiter der Botenabteilung bei der Telegraphengesellschaft durchzuhalten. Gegen Ende dieser Zeit lernte ich June im Tanzlokal kennen. Ein paar Monate später gab ich den Job bei der Western Union auf, denn ich hatte mich entschlossen, alles zu riskieren und Schriftsteller zu werden. Nun begann mein Elend erst wirklich. Was ich zuvor durchgestanden hatte, war nur eine Vorbereitung auf das, was folgen sollte.
Als ich die Western Union verließ, hatte ich June versprochen, keinen andern Job mehr anzunehmen. Ich sollte zu Hause bleiben und schreiben, und sie wollte das übrige in die Hand nehmen. Es ging nicht so wie geplant – nicht daß wir uns keine Mühe gegeben hätten, aber das Glück war gegen uns. Ich schrieb eine Menge Sachen, die nie gedruckt erschienen. Schließlich schrieb ich unter *ihrem* Namen – June Mansfield – und hatte damit ein bißchen Erfolg. Aber der war kurzlebig.
Dann kam Jean – ein seltsames, schönes Geschöpf, an dem June Gefallen fand. Sie benahmen sich wie ein lesbisches Paar. Nach einigen Monaten redeten sie davon, daß sie zusammen nach Europa gehen wollten. Jean war Malerin, Dichterin und Bildhauerin. Sie stellte auch Marionetten her. Sie machte eine, die sie «Graf Bruga» tauften und die Aufsehen erregte, wo immer sie auftraten.
Um diese Zeit fing ich an, abends auf dem Broadway zu betteln. Selbst das war ein Mißerfolg. Abend für Abend kam ich mit leeren Händen nach Hause. Wir lebten jetzt wie die Wilden im Souterrain eines Mietshauses. In den Räumen, die wir bewohnten, war einmal eine Wäscherei gewesen. Es war ein kalter Winter, und ich hatte alle Möbelstücke zu Feuerholz zerhackt. Ich sah keinen Ausweg. Wieviel tiefer konnten wir noch sinken?
Eines Tages um die Abendessenszeit wandere ich langsam zurück nach Hause. Ich bin nicht nur deprimiert, ich bin völlig niedergeschlagen. Außerdem bin ich am Verhungern. Ich kann mich nicht mehr erinnern, wann wir das letzte Mal gut gegessen haben.
Da laufe ich plötzlich ausgerechnet Jimmy Pasta über den

Weg. Er ist jetzt Repräsentant seines Distrikts. Sieht geschniegelt und wohlhabend aus.
«Na, Hen, alter Junge, wie geht's dir?» sagte Jimmy und klopfte mir auf den Rücken.
Ich gebe zur Antwort: «Saumäßig.»
Sogleich erscheint ein Ausdruck ehrlicher Sorge in seinem Gesicht.
«Was heißt das?» sagt Jimmy.
«Das heißt, ich bin pleite. Ich habe keinen Job, und ich bin hungrig.»
Kaum hatte ich hungrig gesagt, da leuchtete sein Gesicht auf. «Wenn es nur das ist, das können wir gleich in Ordnung bringen», sagte er, nahm mich beim Arm und führte mich in eine Plüschbar, wo man ihn kannte und wo er ein Mahl für mich bestellte.
«Erzähl mir die ganze Geschichte», sagte er, als wir uns setzten. «Wie ist es dir ergangen? Als ich das letzte Mal von dir hörte, warst du Herausgeber irgendeiner Zeitschrift.»
Ich sah ihn mit einem schiefen Lächeln an. «Ich war Redaktionsassistent für den Katalog des Versandhauses Charles Williams. Hatte nichts mit Literatur zu tun, der Job», fügte ich hinzu.
Und so saßen wir da und redeten. Ich trank ein paar Biere, wir sprachen von der «guten alten 85» und so weiter. Schließlich sagte ich: «Ich brauche einen Job, Jimmy. Und zwar dringend. Könntest du mir helfen?»
Ich wußte, er war Sekretär des Dezernenten für die öffentlichen Parkanlagen – ein gemütlicher Job, der wahrscheinlich gut bezahlt wurde.
Zu meiner Überraschung erwiderte Jimmy, er könne mir bei sich im Amt einen Job verschaffen.
«Ich muß dich vielleicht zunächst als Totengräber einstellen», sagte Jimmy. «Macht dir das etwas aus?»
«Verdammt, nein», sagte ich. «Ich war schon Erdarbeiter, Müllmann und was der Teufel noch. Wenn ich bloß ein Gehalt bekomme.»
Als ich Jimmy verließ, schwebte ich geradezu nach Hause. Ich hatte versprochen, am nächsten Morgen um neun in seinem Büro zu sein. Er wollte mich dem Dezernenten selbst

vorstellen - einem großen Tier jetzt in der Welt der Politik.
June und Jean nahmen die gute Nachricht nicht allzu begeistert auf, fand ich. Sie waren nur neugierig, wieviel ich verdienen würde.
Am nächsten Tag ging ich hin, lernte den Dezernenten kennen und wurde sofort eingestellt. Die erste Woche oder so würde ich Gräber schaufeln müssen, aber danach sollte ich zu Jimmys Assistent befördert werden. In meinen Ohren klang das wunderbar.
Am nächsten Morgen stand ich fröhlich in aller Frühe auf, um meinen neuen Job anzutreten. Es dauerte nicht lange, bis ich mich eingewöhnt hatte. Die anderen Arbeiter waren freundlich und hilfsbereit. Zwei von ihnen stammten aus dem alten 14. Bezirk. Das machte die Dinge noch annehmlicher. Auf dem Heimweg ging ich an diesem Abend in einen Blumenladen und kaufte ein paar Blumen.
«Mal zur Abwechslung eine freundliche kleine Geste», dachte ich. Ich klingelte. Nichts. Auch kein Licht. Um hineinzukommen, mußte ich bei der Hauswirtin klingeln.
Ich betrat unsere Bude im Dunkeln, zündete ein paar Kerzen an - die Elektrizität war längst abgestellt worden. Auf dem Boden, in einer Ecke, lagen ein paar ausrangierte Kleidungsstücke. Ich lief mehrmals im Zimmer auf und ab, bis mir auf meinem Schreibtisch ein Zettel auffiel. Ich nahm ihn und las: «Lieber Val, wir sind heute morgen auf der Rochambeau nach Paris abgereist. Gruß, June.»
In einem anderen Buch habe ich die Gefühle beschrieben, die mich überfielen, und wie verlassen ich mir vorkam.
«Kein Wunder», dachte ich bei mir, daß sie so wenig Begeisterung zeigten, als ich ihnen von dem Job berichtete. In Wirklichkeit waren sie nur erleichtert, daß sich jemand um mich kümmerte. Dadurch fühlten sie sich weniger schuldig.
Am nächsten Tag erzählte ich Jimmy, was geschehen war. Er konnte mir die schlechte Nachricht vom Gesicht ablesen.
«Du sagst, du liebst sie?» fragte er.
Ich nickte.
«Dann kann ich vielleicht von Glück sagen», meinte er,

«daß ich bisher noch niemanden getroffen habe, der mir solche Streiche spielen könnte.»
Es stimmte. Jimmy hatte wenig Zeit für Frauen. Er war jetzt vollauf mit Politik beschäftigt. Er hatte das Ziel, in ein oder zwei Jahren nach Washington zu gehen.
Manchmal lud er mich zum Lunch ein – gewöhnlich in eine Kneipe, in deren Hinterraum die Lokalpolitiker sich trafen, Karten spielten, wie die Löcher tranken und so weiter. Mehr und mehr verlor er seine Illusionen über diese Branche. Er ging sogar so weit zu sagen, es gebe keine ehrlichen Politiker – ausgeschlossen.
Wenn ich mich erkundigte, was ihn davon abhalte, sich wie die andern aufzuführen, antwortete er sehr schlicht: «Ich bin eben anders. Ich habe eben Ideale. Lincoln war kein Gauner. Und Thomas Jefferson auch nicht. Ich möchte dem Namen meiner Mutter und meines Vaters keine Schande machen... Erinnerst du dich noch an die alte 85, Hen? Erinnerst du dich noch an Miss Cordes? Vielleicht hat sie eine Menge dazu beigetragen, daß ich auf dem geraden Weg geblieben bin.»
Zu seiner Ehre muß ich sagen, daß Jimmy niemals schwankte. Vielleicht ist er deswegen nie sehr weit gekommen. Aber jeder respektierte ihn. Noch immer schrieben die Lokalzeitungen über ihn – er sei «eine große Hoffnung». Noch immer hielt er Vorträge bei Pfadfindern und anderen Jugendgruppen. Er sprach, als ob er *tatsächlich* Präsident sei.
Nur drei oder vier Tage, nachdem die beiden abgereist waren, erhielt ich ein Funktelegramm vom Schiff. Es lautete: «Bitte überweise telegraphisch fünfzig Dollar, bevor wir anlegen. Verzweifelt. June.»
Wieder mußte ich zu Jimmy gehen. Ich fühlte mich entsetzlich beschämt und erniedrigt. Er lieh mir das Geld, nicht ohne eine kleine Predigt und einen Monolog darüber, was Männer doch für Narren sein können.
Ich selber verstand nicht, warum sie das Geld brauchten. Konnten sie schon verschuldet sein? Ich wußte, alles würde in Ordnung gehen, sobald sie Paris erreicht hätten. June besaß die Begabung, die Menschen an sie glauben zu machen und ihnen Vertrauen einzuflößen.

In der Zwischenzeit würde ich Jimmy jede Woche so und so viel aus meinem Gehalt zurückzahlen. Ich war wieder in das Haus meiner Familie gezogen – das war billiger. Beinahe jeden Tag saß ich an einem kleinen Schreibtisch, den man mir als Kind gegeben hatte, und schrieb an June.
Jeden Samstagnachmittag war ich in einem Tanzlokal am Broadway zu finden. An einem einzigen Nachmittag gab ich das Taschengeld einer Woche aus. Aber ich genoß es. Außerdem brauchte ich Entspannung und ordentlich etwas zum Ficken, selbst wenn es nur trocken ging. Die meisten dieser Taxigirls sahen sehr gut aus und waren ganz schön scharf. Ihnen gefiel diese blinde Fickerei auf dem Tanzboden – ihre einzige Sorge war, daß der Mann ihnen mit seinem Sperma keine Flecken auf die Kleider machte. Ich glaube, ich habe schon erzählt, wie ich sie an ihrem freien Tag in eine andere Art von Tanzlokal mitnahm. Und sie im Hausflur im Stehen fickte, wenn ich sie heimbrachte. Ein Mädchen nahm mich immer in die Wohnung mit und hockte sich auf mich, während ich auf einem Stuhl in der dunklen Küche saß. Manchmal ging ihre Mutter durch den Raum, während wir dabei waren, aber sie merkte nichts von unserem Treiben, weil sie stocktaub und fast völlig erblindet war. Dieses spezielle Biest schien es nur um so mehr zu genießen, wenn ihre Mutter durch den Raum ging. Es fiel ihr leicht zu kommen, und mir schien, sie kam immer während dieser kritischen Momente.
Inzwischen erhielt ich Briefe von June. Sie fanden es nicht eben einfach, sich in Paris durchzuschlagen, aber glücklicherweise hatte sie sich eng mit dem berühmten Bildhauer Ossip Zadkine angefreundet. Geradesogut hätte sie Picasso sagen können. Zadkine war weltberühmt. Als ich ein paar Jahre später selbst nach Paris ging, fragte er mich, was aus den Bildern und Skulpturen geworden sei, die er June zum Verkauf in Amerika gegeben hatte. June mußte sie abgestoßen haben, ohne mir etwas davon zu erzählen. Aus dem kurzen Gespräch, das ich mit ihm hatte und aus ein paar Bemerkungen, die June selber entschlüpften, ließ sich unschwer schließen, daß sie eine muntere Zeit miteinander verbracht hatten, deren Akzente auf gelegentlichen Ausflügen in den

Bois de Boulogne lagen, wo, wie im Londoner Hyde Park, jeder sich ins Gras legte und fickte, mit wem es ihm Spaß machte.
Durch die Arbeit als Jimmys Assistent wurde ich immer mehr mit seinem Leben vertraut. Ein Teil seiner Aufgabe war es, die politischen Reden zu schreiben, die sein Chef, der Dezernent, halten mußte. Ab und zu bat er mich bei der Formulierung eines Satzes um Hilfe. Er schien mich als ausgewachsenen Schriftsteller zu betrachten. Ich befürchtete, er würde eines Tages *mich* bitten, die Reden für ihn zu schreiben.
Die beste Zeit waren die Lunchpausen in der Kneipe, wo er mir sein Herz ausschüttete. Er haßte wirklich das Leben, das seine Politikerkollegen führten und an dem er in gewissem Maße teilnehmen mußte. Niemals war die Rede von Frauen. Nur von Kartenspielen, Wetten, Billard und Saufen. Er war einer von ihnen, gehörte aber nicht zu ihnen.
Irgendwie begann ich erst jetzt mit ihm warm zu werden, zu entdecken, was für ein guter, treuer Freund er war. Er besaß all die unverfälschten Qualitäten, die bei einem Politiker selten sind. Wie ich schon sagte, bestand darin wahrscheinlich sein Handikap. Er kam nie bis nach Washington. Er blieb Abgeordneter in der Kommunalverwaltung. Ich hörte nicht mehr sehr viel von ihm oder über ihn, als ich den Job im Park-Dezernat erst einmal aufgegeben hatte. Gelegentlich bekam ich eine Postkarte von ihm. Auch jetzt noch. Und ich antworte immer sofort. Denn ich betrachtete Jimmy als einen der wenigen wahren Freunde in meinem Leben, als einen von den mehreren Männern, die mir das Leben gerettet haben.
Am meisten aber bin ich Jimmy vielleicht aus dem folgenden Grund verpflichtet. Als ich eines Nachmittags über Jean und June in Paris und über all die Höhen und Tiefen in meinem Leben nachdachte, beschloß ich, die Ereignisse meines Lebens von Beginn an in groben Zügen zu skizzieren. Ich setzte mich hin und tippte diese Skizze, die dann zur Synopse für alle meine autobiographischen Romane wurde. Ich setzte mich am Nachmittag nach Büroschluß hin und blieb bis etwa fünf Uhr am nächsten Morgen an der Maschine

sitzen. Auf etwa dreißig Seiten schaffte ich es, mir so gut wie alles ins Gedächtnis zurückzurufen, was bis dahin in meinem Leben von Bedeutung gewesen war. Und ganz ohne Anstrengung. Es war, als hätte ich in meiner Erinnerung einen Hahn aufgedreht und die Bilder flössen nur so heraus. Mit dieser Skizze begann ich dann in Paris meine Autobiographie zu schreiben. Nicht gleich, natürlich. Ich schrieb zuerst ein paar Romane, in denen ich die dritte Person gebrauchte.

Um fünf Uhr morgens also war ich ausgepumpt. Ich legte mich auf den Teppich im Büro des Dezernenten und schlief ein. Gegen acht Uhr früh kam der erste Angestellte. Er sah mich auf dem Teppich liegen und dachte, ich sei tot, dachte, ich hätte Selbstmord begangen.

Nun, wo ich die Geschichte unserer Freundschaft erzählt habe, muß ich Jimmy eine Karte schicken und ihm alles Gute wünschen. Er hat meine Bücher gelesen, aber ich habe ihm nie erzählt, daß sie in Wirklichkeit in seinem Büro geboren wurden.

5.
Joe O'Reagan

Ein Blick in die Driggs Avenue, die Straße, in der ich die ersten neun Jahre meines Lebens gewohnt habe.

Joe trat aus dem Nichts in mein Leben. Sein ganzes Leben über fiel er immer wieder bei mir ein – aus dem Nichts kommend, so schien es. Er war ein geborener Wanderer, heiter und optimistisch veranlagt, und er besaß großen (irischen) Charme. Er wirkte anziehend auf Frauen mit seinen Schmeicheleien, seinen schwarzen Ringellocken, seinen Veilchenaugen und seinen langen Wimpern sowie mit seiner Art, sich ihnen auf Gedeih und Verderb zu unterwerfen.
Als Fünfjähriger war er mit einem älteren Bruder von seiner irischen Mutter und ihrem zweiten Mann, einem russischen Juden, in ein Waisenhaus gesteckt worden, und zwar in ein katholisches. Joe hatte das keinem von beiden je verziehen. Als er zehn war, schafften es er und sein Bruder, aus dem Heim zu entkommen. Der Bruder wurde später Sheriff irgendwo in Texas.
Offenkundig hatte Joe in dem Waisenhaus nicht viel an Bildung genossen. Ihn dürstete ewig nach Wissen und Kultur. Auf der anderen Seite war er ziemlich frühreif. Zum Beispiel hatte er die Mutter Oberin beschwindelt, die ihn anscheinend sehr gern hatte. Er tat das listig und kaltblütig.
Ich sagte, daß Frauen ihn anziehend fanden – vielleicht, weil er ständig einen Steifen hatte. Was Männer anging, nein, die fielen nicht herein auf seinen irischen Charme, seine Schläue und seine Angeberei. Auf den ersten Blick schien er Mißtrauen zu erwecken. Wie meine Freunde oft bemerkten: «Irgend etwas an ihm ist faul.» Was Joe suchte, war Mutterliebe, oder wenigstens Vertrauen in seine Verläßlichkeit. Er brauchte Menschen, die an ihn glaubten, ihm vertrauten.
Als er aus dem Heim weglief, schloß er sich einem Zirkus an, und bald darauf lernte er einen Mann kennen, einen Zoologen, glaube ich, der großes Interesse an ihm nahm. Durch diesen Mann lernte er alle Geschöpfe Gottes lieben, einschließlich Schlangen. Tiere gehörten zu seiner Welt – er verstand sie.
Wenn ich sage, er kam aus dem Nichts, meine ich damit, daß ihm die gewöhnlichen, normalen Grundlagen und Erfahrungen fehlten, welche die meisten von uns besaßen. Er

wußte von allem etwas und von nichts sehr viel. Er las eine Menge und war sehr empfänglich für Bücher und Autoren. Er hatte seine Idole, wie Stanley und ich. Er konnte gut reden – er hatte das, was man ein gutes Mundwerk nennt.
Ich stieß seltsamerweise gegen zehn Uhr abends auf Joe, in einem Dorf in New Jersey, wo meine Familie die Sommerferien verbrachte. Sie hatten den Ort wegen des Sees ausgesucht – Swartswood Lake –, der Gelegenheit zum Schwimmen, Rudern und Angeln bot.
Ich hatte, für ein paar Tage, einen Freund aus unserer Nachbarschaft mitgenommen, einen Burschen meines Alters, der Bill Woodruff hieß. Joe und er arbeiteten zusammen in dem Wartungs- und Reparaturbetrieb eines exzentrischen Junggesellen, der sich für junge Männer interessierte. Bill Woodruff war ein wenig ein Muttersöhnchen oder «Waschlappen», wie wir es damals nannten, ein verwöhnter Bengel, ein Weichling und in keinem Sinn des Wortes männlich oder robust. Jedenfalls erzählte er mir immerfort von diesem O'Reagan und meinte, ich sollte ihn kennenlernen. Und als wir eines Abends auf der Landstraße standen, kommt da ein Pferdewagen vorbei, und heraus springt niemand anders als Joe O'Reagan und begrüßt uns. Ich mochte Joe sofort. Ich mochte seine Stimme und seinen Handschlag. Ich fand ihn nicht nur auffällig gutaussehend, sondern auch sehr männlich.
Innerhalb weniger Minuten saßen wir in einem Ruderboot auf dem See. Es war stockdunkel. Plötzlich höre ich es platschen und O'Reagan ist mitten in den See getaucht. Er braucht eine Ewigkeit, bis er wieder an die Oberfläche kommt. «Ich habe mich in den Binsen verfangen», erklärte er und tat es lachend ab, als wäre es nichts. Woodruff war zu Tode erschrocken. Er konnte nicht schwimmen und hatte Angst vor dem Wasser. Aber Joe war wie eine Wasserschlange.
Damals besiegelten wir auf der Stelle einen Freundschaftspakt. Er dauerte bis zu Joes Tod vor ein paar Jahren.
Wie ich schon sagte, Joe kam und ging – Ziel unbekannt. Er folgte seinem Gefühl. Kurz bevor wir uns kennenlernten,

war er aus der Armee entlassen worden, wo er es vom einfachen Soldaten zum Hauptfeldwebel gebracht hatte. Es war ein besonderer Spaß, ihn über die Fähigkeiten sprechen zu hören, die ein guter Hauptfeldwebel haben mußte. Seinen Reden nach war ein Hauptfeldwebel – das heißt ein guter – wichtiger als ein General.
In gewisser Weise vermittelte ihm die Armee eine Art Bildung. Er war im Fernen Osten gewesen – in China, Indochina, Java und Japan. In Japan entdeckte er die japanische Frau. Er hörte nie auf, sie zu bewundern. Eines der Dinge, über die er sich gern ausließ, war die Reinlichkeit der Japaner – sogar in ihren Bordellen. Wenn man ihn hörte, ging es im Bordell nach einem Zeremoniell höchsten Ranges zu. Das Mädchen badete nicht nur sich selbst auf das gewissenhafteste, sondern auch den Mann. Dann kamen die erlesenen Kimonos, die Schale Tee, die Samisen, Blumen, Vögel in Käfigen. Nicht einmal Graf Keyserling, der einige seiner besten Seiten über Japan der japanischen Frau gewidmet hatte, konnte besser davon erzählen als Joe. Das war damals der Augenblick, in dem ich wirklich vom Orient zu träumen begann und besonders von Japan. (Natürlich hatte Joe stark übertrieben und improvisiert, wie ich später herausfand, aber was machte das?)
Von allen Orten, an denen er gewesen war, konnte er wie ein Dichter sprechen. Ich wunderte mich oft darüber, daß er nie zu schreiben versucht hatte. Ich konnte ihm stundenlang hingerissen zuhören. Welch ein Fest, von solchen wenig bekannten Weltgegenden zu hören, vom Feingefühl und der Finesse dieser Völker zu erfahren.
Es dauerte einige Zeit, bis ich entdeckte, daß die Leute von Joe nicht so viel hielten wie ich. Wie ich schon erwähnte, begegneten ihm die meisten meiner Freunde mit Mißtrauen und Argwohn. Joe warb immer für irgendwen oder irgend etwas. (Eine beträchtliche Zeit seines Lebens tat er das für mich und mein Werk.) Unglücklicherweise verfuhr er dabei aber so, als pirsche er sich an Großwild heran.
Frauen sahen ihn ganz anders als Männer. Sie beteten ihn gewöhnlich an und schmolzen unter seinen Schmeicheleien dahin. Bei ihnen spielte er das im Stich gelassene Kind, den

unverstandenen, nicht richtig gewürdigten jungen Mann von Welt. Frauen brauchte er nicht groß etwas vorzumachen – er gefiel ihnen sofort. Unter Joes geschickten Händen wurden die Frauen meist sehr gelöst. Oft ließ er sich von ihnen aushalten. Nicht, daß er ein Schmarotzer war. Nein, Joe hatte ein großzügiges Herz. Aber er war oft pleite. Wenn die Dinge zu schlecht liefen, machte er sich auf und davon – einerlei wohin. Er mußte einfach andere Luft atmen.

Immer wenn er nach Hause zurückkam, schlüpfte er *chez moi* unter. Joe mochte die Art, wie ich lebte, und die Frauen, die ich liebte. Oft flehte er mich an, ich sollte ihm den Gefallen tun, eine Frau mit ihm zu teilen. Er fand nichts Schlimmes dabei. Er sagte immer zu mir, ich sei ein «Glücksvogel».

Zur gleichen Zeit machte er es sich zur Aufgabe, mich zu verteidigen, mich zu beschützen. Er konnte nicht verstehen, wieso ein «großer Schriftsteller» wie ich unbemerkt blieb. Er las alles, was ich schrieb, nicht nur einmal, sondern mehrere Male. Er sprach von meinen Sachen, als hätte er sie selbst geschrieben.

Abends, wenn er von seinen selbstauferlegten Werbefeldzügen zurückkam, berichtete er in allen Einzelheiten, wie seine Gespräche mit Redakteuren, Verlegern und Kritikern verlaufen waren. Immer versprach er mir schnelle Ergebnisse, großartige Ergebnisse. Aber irgendwie fiel immer alles in der letzten Minute in sich zusammen. Das kränkte Joe mehr als mich. Ich gewöhnte mich allmählich an hektographierte Ablehnungsschreiben. Vielleicht erhielt ich mir den Mut, indem ich vor mir selbst so tat, als sei ich Amerikas größter Schriftsteller, der natürliche Nachfahre Walt Whitmans. Ganz sicher erschien mir alles, was ich schrieb, wie pures Gold. Ich verglich meine Arbeiten nur mit den hervorragendsten Autoren – mit Petronius, Rabelais, Emerson, Whitman. Ich hielt mich Männern wie Sinclair Lewis, Theodore Dreiser, Sherwood Anderson und Ben Hecht für überlegen. Ich war einzigartig – Sonderklasse.

Und so pflegte ich, wenn Joe die Luft ausging, *ihn* zu trösten.

Ich kann mich nicht erinnern, je mit ihm Streit gehabt zu haben. Diskussionen und hitzige Debatten hatten wir viele. Wir verbrachten endlose Stunden mit Wortgefechten über jedes Thema unter der Sonne. Denn wenn Joe keine Schulbildung erhalten hatte, so war er doch hochintelligent. Außerdem stellte er alles in Frage. Er war im Waisenhaus katholisch erzogen worden, hatte aber, lange bevor er das Heim verließ, zu glauben aufgehört. Das einzige, was er zum Beispiel an den Nonnen mochte, war ihre Naivität. Für Joe waren sie alle schwanke Blätter im Wind, einschließlich der Mutter Oberin, die ein Bruchband trug. Man fühlte sich ins *Decamerone* versetzt, wenn man Joe von den Nonnen und ihrer Sehnsucht nach einem ganz klein bißchen Sex erzählen hörte.
Als ich Einstellungsleiter bei der Telegraphengesellschaft wurde, machte ich Joe zu meinem Assistenten. Er genoß die Arbeit in vollen Zügen. Es machte ihm zum Beispiel Spaß, einen Gauner oder einen Epileptiker herauszupicken. Häufig schob er mir, während ich mit einem Bewerber sprach, einen Zettel mit der Warnung zu, der Bursche, mit dem ich spreche, sei ein faules Ei, oder mit der Aufforderung, auf die Narben an den Händen oder Armen des Mannes zu achten. (Ein Anzeichen dafür, daß er Epileptiker war und schon viele Anfälle durchgemacht hatte.)
Wir saßen einander gegenüber am selben Schreibtisch. Es amüsierte mich zu beobachten, wie ernst er seine Aufgabe nahm. Wieviel er davon hermachte! Als sei er der Präsident der Gesellschaft.
Wir hatten zwei schöne junge Frauen im Büro; er nahm die eine, und ich nahm die andere. Die beiden Mädchen wohnten zusammen, was es für uns leichter machte. Ich war damals noch verheiratet.
Es geschah häufig, daß ich mich nach dem Abendessen zum Dösen auf die Couch legte. Ich war gewöhnlich ausgepumpt, denn während der ganzen Zeit, in der ich für die Telegraphengesellschaft arbeitete, bekam ich nie genug Schlaf. Es wurde immer zwei oder drei Uhr morgens, bis ich ins Bett kam. Und um acht Uhr sollte ich in meinem Büro sein. (Natürlich erschien ich immer zu spät, oft unrasiert und oft in

einem blauen Drillichhemd, das am Kragen und an den Ärmeln durchgescheuert war.)
Wenn ich mich zu meinem Nickerchen hinlegte, setzte sich meine Frau zuerst in einen Schaukelstuhl in der Nähe der Couch und wartete darauf, daß ich sie einlud, sich neben mich zu legen. Aber meistens fiel ich in gesunden Schlaf. Dann kam mein guter Freund Joe nicht schlecht zum Zug. Indem er so tat, als habe er Mitleid mit meiner Frau, hatte er sie bald auf dem Schoß und massierte ihr zweifellos die Möse, während ich selig vor mich hin schnarchte. Aber irgendwie gingen die Dinge immer zu meinem Vorteil aus. Wenn Joe sie angeheizt hatte, schlüpfte sie immer auf die Couch hinüber, steckte mir, ohne mich aufzuwecken, die Hand in den Hosenschlitz und spielte mit meinem Schwanz und meinen Eiern. Natürlich schlug ich daraufhin bald die Augen auf. Dann begann ich, es ihr zu besorgen. Sie war ein sehr leidenschaftliches, wenn auch gehemmtes Geschöpf. (Auch sie war katholisch erzogen worden, in einem Kloster.) Später, als ich sie besser kannte, hegte ich den Verdacht, daß einige ihrer «lieben Freundinnen», wie sie sie nannte, durch und durch lesbisch waren. Aber das hinderte sie nicht daran, gut bei mir im Bett zu sein. Und so durfte Joe zur Belohnung im Schaukelstuhl sitzen bleiben und uns beim Vögeln zuschauen. Ich sehe ihn noch vor mir, wie er sich die Ohren zuhält, um unser Seufzen und Stöhnen nicht hören zu müssen.
Joe hatte während der Zeit bei mir gewohnt, in der ich mit der Witwe zusammen war. Wir waren damals alle schrecklich arm und wurden, so könnte man sagen, durch unseren Untermieter, einen Straßenbahnfahrer, am Leben gehalten. Mit der winzigen Summe, die er uns von seinem Wochenlohn ablieferte, brachten wir es fertig, mindestens dreimal in der Woche Steak mit Salzkartoffeln zu essen. Nie einen Nachtisch. Nie etwas Gutes zu trinken – Wein, Gin oder Whiskey. Wir lebten wie Einsiedler und fickten wie Kaninchen. Sonst gab es nichts zu tun. Das Geld, das Joe auf den Tisch legte, als er ankam, war bald verbraucht. Vielleicht konnten wir uns ein paarmal einen Film ansehen – Clara Bow, Charlie Chaplin, Charles Ray – oder Alice Joyce. Da

es hoffnungslos schien, einen Job zu bekommen, schliefen wir lange. Joe kroch manchmal zu uns ins Bett und versuchte mit allen Mitteln, zum Schuß zu kommen. Er flehte immer wie jemand, der entsetzlich zu kurz gekommen war. Wie konnten wir ihn nur so leiden lassen, war sein Standpunkt.
Wenn ich einmal einen Nachmittag nicht da war, machte er ihr mit Sicherheit Avancen. Manchmal fand ich sie in Tränen vor, wenn ich nach Hause kam. Was war denn los? *Joe*. Sie mochte Joe, aber sie nahm es zutiefst übel, daß er ihr Avancen machte. (Wir betrachteten uns damals als so gut wie verheiratet.) Später sollte ich sie tatsächlich heiraten, aber meine Mutter war mit dem Hackmesser auf mich losgegangen und hatte gedroht, mich umzubringen, wenn ich noch ein einziges Wort von Heirat sagen würde!
Der Straßenbahnfahrer, Tex hieß er, war ein *Gentleman*. Nicht im Traum hätte er irgend etwas hinter meinem Rücken getan. (Er stammte aus Texas.)
Diese Sache, daß Joe oft bei mir (oder bei uns) wohnte, zog sich bis in meine nächste Ehe hin. Aber Mona wagte er keine Anträge zu machen. Mona beeindruckte ihn von Anfang an. Die beiden hatten etwas gemeinsam – äußerste Großzügigkeit und einen Hang zur Übertreibung. Ich hörte ihnen zu, als verfolgte ich eine Vorstellung auf der Bühne. Beide waren sie großartige Lügner, und beide glaubten sie an ihre eigenen Lügen.
Was Joe kränkte, was er kaum glauben konnte, war, daß ich auch zu dieser Zeit noch in der Tinte saß. Ich hatte noch nicht eine Sache verkauft. (Ein kurzer Artikel – der erste! – war von einer Zeitschrift für Neger angenommen und veröffentlicht worden, aber ich hatte kein Geld dafür bekommen.) Joe wollte das alles in Ordnung bringen. Wie konnte die Welt seinen großen Freund und großen Schriftsteller, Henry Miller, ignorieren? Aber eben das tat die Welt, und nicht einmal ein Joe O'Reagan mit all seinem Charme, seinen prahlerischen und einschmeichelnden Worten, vermochte sich dagegen durchzusetzen. Die Zeit war noch nicht reif. Irgendwie verstand ich es und akzeptierte es in Geduld und Ungeduld.

Ich verwünschte nicht nur Redakteure und Verleger, sondern auch das Publikum. Ich verachtete seine Heroen, seine Idole. Ich verwünschte jeden von einer Frau Geborenen dafür, daß er so ein dummer, unsensibler Bastard war. (Was ich in meinen besseren Momenten noch immer tue.) Das Bild hat sich seit jenen Tagen nicht geändert. Ich hatte Glück, das ist alles, Ich habe einen herrlichen Jupiter.
Zu den Dingen, die ich Joe nie erzählte, gehörte, daß ich nebenbei seine Freundin fickte. Ich tat es nicht aus Rache oder um ihm eine Lektion zu erteilen. Es hatte sich einfach so ergeben. Sie war mit einem meiner allerbesten Freunde verheiratet gewesen, einem jungen Mann, den ich bewunderte und als Genie ansah.
Die beiden kamen jedoch nie sehr gut miteinander aus, und bald lernte ich seine Frau sehr nahe kennen. Ich beging den Fehler, sie O'Reagan vorzustellen, und der biß schnell an. Eine Zeitlang vögelten wir sie beide. Aber dann gab es da im Büro ein anderes Mädchen – komisch, ich kann mich nicht mehr an ihren Namen erinnern –, und ich war es zufrieden, Elsa meinem Freund Joe zu überlassen.
Wir fickten eine Menge in jener Zeit, besonders nachdem die Telegraphengesellschaft beschlossen hatte, Frauen als Boten einzustellen. Jetzt konnte sich Joe nicht mehr beklagen. Er wußte sich vor Weibern nicht zu retten. Alles endete im Bett, so schien es. Ich neige oft dazu, diese glorreiche Zeit zu vergessen, weil ich so sauer darüber war, daß ich es als Schriftsteller zu nichts brachte. Obwohl Sex in der Luft lag und wir unser gerüttelt Maß davon abbekamen, war ich wahnsinnig verliebt in meine zweite Frau. Es klingt verrückt, aber ich hatte nie das Gefühl, daß ich sie betrog. Jemand anderen zu ficken, war nicht notwendigerweise ein Akt der Untreue. Es war ein Zeichen von Leben, die Feier des Lebens. 1930 fuhr ich nach Europa, und erst einige Zeit nach meiner Rückkehr begegnete ich O'Reagan wieder. Ich kann mich jetzt nicht mehr erinnern, womit er sich damals seinen Lebensunterhalt verdiente, aber sicherlich hatte es mit Werbung oder Public Relations zu tun. Er hatte sich nicht ein bißchen verändert – die gleichen Prahlereien, die gleichen Schmeicheleien, die gleiche leere Rhetorik. Das einzige Gu-

te an ihm war sein literarischer Geschmack. Wir blieben bis in die Morgenstunden auf und redeten über unsere Lieblingsschriftsteller und Lieblingsgestalten. Inzwischen hatte er das meiste von Dostojewskij und den übrigen großen Russen gelesen. Ich brachte ihm Berdjajew nahe. Er hatte auch Thomas Mann, Gide, Proust und einen großen Teil von Balzac durchgeackert. Er redete wie eine Autorität. Ich wagte ihm nicht zu widersprechen. Was mich anging, meine Arbeit, so hatte er meinen Weg getreulich verfolgt, hatte alles gelesen, was ich geschrieben hatte, und wußte, was die Kritiker von mir hielten.

Es muß nach der «Air-Conditioned Nightmare»-Reise gewesen sein, als ich Joe in die Arme lief – in irgendeiner Bar an der Third Avenue. Mit Vergnügen erzählte ich ihm von den alten Freunden, die ich während jener Reise aufgesucht hatte. Ich war besonders erpicht darauf, ihm von dem Oberst und dem General zu erzählen, die ich getroffen hatte. Sie waren zusammen mit mir aufgewachsen – hatten nur ein paar Häuser weiter gewohnt. Der eine war etwa sieben Jahre älter als ich, der andere (der General) etwa vier Jahre älter. Sie behandelten mich immer noch, als wäre ich ein kleiner Junge. Natürlich hatten sie nie ein Buch von mir geknackt. Sie lasen einfach nicht. Meistens spielten sie Karten, tauschten mit Offizierskameraden Anekdoten und soffen das Bier faßweise. Durch und durch uninteressante Gestalten, die beiden. Ich erinnerte Joe an das, was er mir über Hauptfeldwebel erzählt hatte. Obwohl ich nie mit ihnen verkehrt hatte, glaubte ich gern, was Joe gesagt hatte, daß die Armee nicht ohne sie auskomme.

An dem General war das Merkwürdige, daß ich ihn als Kind oder jungen Mann für zu feminin gehalten hatte. Jetzt, als General, sah er in meinen Augen immer noch feminin aus. Sein Bruder dagegen, der Oberst, war ein Hurenbock. Jedes zweite Wort aus seinem Mund war ein Fluch.

Im späteren Leben hatte ich Gelegenheit, andere Offiziere kennenzulernen, Offiziere des Heeres, der Marine und des Marineinfanteriekorps. Von ihnen allen kann ich sagen, daß sie anscheinend nur zwei Dinge im Kopf hatten – Sex und Saufen.

Ja, später in meinem Leben hatte ich Gelegenheit, das kennenzulernen, was man als die Crème unserer Gesellschaft ansehen mag. Ich muß gestehen, ich bin nie einem Offizier begegnet, vor dem ich die geringste Achtung hatte. Ich bin nur zwei Universitätsprofessoren begegnet, vor denen ich Achtung hatte. Ich bin nie einem großen Geschäftsmann begegnet, vor dem ich die geringste Achtung hatte. Ich bin jedoch hin und wieder einem Priester oder einem Mönch begegnet, mit dem ich mich vernünftig unterhalten, mit dem ich herzlich lachen und mit Genuß über geistige Dinge diskutieren konnte. Ich sage, einem Priester oder Mönch. Niemals einem protestantischen Geistlichen. Einmal einem Rabbi. Auf dieser Reise hatte ich auch Station gemacht, um einen Kumpel aus High School-Tagen wiederzusehen. Er war jetzt Musikprofessor an einem Mädchen-College irgendwo in Süd-Karolina. Noch eine Enttäuschung. Er hätte genausogut Professor für Zoologie oder Paläontologie sein können. Und doch, mit fünfzehn war er ein großartiger Pianist gewesen, jemand, der eindeutig für das Konzertpodium bestimmt war.
Dieses Mal bat Joe mich nicht, ihn unterzubringen. Ich war selbst auf dem Sprung – und außerdem hatte er jetzt einen Job und eine Frau (nicht mit ihm verheiratet), die ihn liebte. Er war ein recht gediegener Bürger geworden. Noch immer ein großer Saufbruder, noch immer ein Schwindler, aber jetzt gedämpfter, mit beiden Füßen auf dem Boden stehend. Ich fragte nach seiner Schwester. Anscheinend hatte sie geheiratet. Er sagte es voller Trauer. Ich erinnerte mich an seinen Gesichtsausdruck, als er sie mir zum erstenmal vorgestellt hatte. Sie war wahrhaftig eine Schönheit – eine irische Schönheit –, und es schien offenkundig, daß er sie nicht nur wie eine Schwester liebte, sondern daß er verliebt in sie war.
Da ich wußte, was für ein schändlicher Hund er war, fragte ich mich oft, warum er seine Schwester nicht fickte. *Ich* hätte es getan, an seiner Stelle. Aber Joe hatte doch noch gewisse Skrupel. Obwohl er von seiner Mutter immer als drekkigem irischem Biest sprach, sah man sofort, daß er sie innig liebte. Sein Haß auf ihren Mann lag nicht nur darin be-

gründet, daß er sein Stiefvater war und russischer Jude obendrein, sondern auch darin, daß er Joe seines rechtmäßigen Platzes – als ihr Liebhaber – beraubt hatte.
Wenn wir über diese Dinge sprachen, konnte Joe mit einigen recht verblüffenden Erinnerungen aufwarten. Etwa an seinen Versuch, eine Kuh zu vögeln. Er hatte ein paarmal Schafe gevögelt und wohl auch Stuten (Shetland-Ponies), soviel ich weiß. Er wäre imstande gewesen, eine Schlange zu vögeln, hätte es sich machen lassen. Ich fragte, warum er sich nie in ein japanisches oder philippinisches Mädchen verliebt habe. «Geldmangel», antwortete er stets. Damit meinte er, daß er sich, hätte er so ein Mädchen finden können, verpflichtet gefühlt hätte, sie wie eine Königin zu behandeln. Amerikanische Mädchen waren für ihn bloß Mösen, bestenfalls «Weiber». Er verachtete die durchschnittliche Amerikanerin. Engländerinnen kamen natürlich schon gar nicht in Betracht.
Keiner von uns wäre damals auf den Gedanken verfallen, daß ich eines Tages eine Japanerin heiraten würde. Was Chinesinnen betraf, so begegnete man ihnen nie irgendwo. Die einzigen Chinesen, die wir kannten, waren der Mann in der Wäscherei und die Kellner in Chop Suey-Lokalen.
Joe war kein großer Briefeschreiber, und er telephonierte auch nicht viel. Gewöhnlich kam er einfach vorbei – Gott weiß woher. Er *konnte* jedoch schreiben. Nur waren seine Briefe alle gleich. Er schrieb die gleiche Art von Brief, ob er mir von Dostojewskij, vom Hochseefischen, vom Golfspielen, von einer neuen Verkaufskampagne oder von der Geschicklichkeit und Eleganz der japanischen Frau erzählte. Für mich, der ich ihn so gut kannte, war das unglaublich. Es war, als habe man ihn als Jungen durch irgendeinen Korrespondenzkurs geschleust, ihm gründlich das Gehirn gewaschen und ihm in der Abschlußprüfung eine Eins verpaßt. Es war mein großes Pech, daß die längste Zeit meines Lebens *ich* den Briefschreiber spielen mußte. Ob ich an einen Freund schrieb oder an eine Frau, in die ich zutiefst verliebt war, die Antworten kamen meist spät und waren nie das, was ich erwartete. Was mich nur dazu veranlaßte, noch mehr Briefe zu schreiben. Der wahre Briefschreiber

scheint der Vergangenheit anzugehören. Um aufrichtig zu sein, jene berühmten Briefschreiber sind mir nicht eben die liebsten.
Aber was Joe angeht – wenn auch kein großer Briefschreiber, war er doch ein großer Geschichtenerzähler. Und das ist noch so eine Sache, die mich verwirrt – der natürlich geborene Geschichtenerzähler kann absolut unfähig sein, eine simple Erzählung zu schreiben oder auch nur einen anständigen Brief. Er hat vielleicht keine Ahnung von Orthographie, und seine Grammatik mag gleich Null und seine Phantasie gelähmt sein, aber wenn es erst einmal aus ihm hervorsprudelt, hält er einen in Bann. Wohingegen ich oft gefunden habe, daß gute Schriftsteller nicht unbedingt die Fähigkeit zu besitzen brauchen, eine gute Geschichte zu erzählen. Nun, Joe war ein geborener Geschichtenerzähler. Er spann ein phantastisches Garn. Er arbeitete jedes Detail hinein, genau wie bestimmte klassische Komponisten, die ich scheißlangweilig finde. Aus irgendeinem seltsamen Grund sind diese Details in einer Geschichte spannend, verstärken das Interesse und so weiter. Genauso geht es auch, wenn man, sagen wir, ein bestimmtes Detail zufällig in Frage stellt, das den Erzähler auf einen Umweg lockt, was höchst faszinierend sein kann. Natürlich braucht der ideale Geschichtenerzähler den idealen Zuhörer. Ich betrachte mich als idealen Zuhörer. Ich sauge jeden aus, der sich etwas von der Seele zu reden hat. Das macht mich vielen Leuten sympathisch. Sie glauben, ich sei ehrlich an dem interessiert, was sie mir erzählen. Das bin ich oft nicht, aber ich höre trotzdem aufmerksam zu.
Manchmal, wenn ich solchen Leuten zuhöre, denke ich darüber nach, was *ich* aus einer solchen Geschichte machen könnte, oder ich ergänze stillschweigend die Lücken, die in der Geschichte offen bleiben. Oder ich verliere den Faden, weil ich mit meinen Gedanken bei den grammatikalischen Verbesserungen bin, die ich daran vornehme. Oder aber die Geschichte des anderen erinnert mich vielleicht an eine, die ich vor langer Zeit hatte schreiben wollen, und ich mache mir im Kopf fieberhaft Notizen – Stichworte im Telegrammstil –, die mir als Gedächtnisstützen dienen, wenn er fertig ist.

Bei Joe konnte man selbst mitspielen. Ich konnte ihn jederzeit unterbrechen, ich konnte seine Glaubwürdigkeit in Frage stellen. Ich konnte ihm erzählen, woran mich seine Geschichte erinnerte – häufig stieß sogar ein unbegabtes Wesen wie Joe auf ein Thema, das bereits von jemandem wie, sagen wir, Maupassant, Flaubert oder Gogol ausgeschlachtet worden war, oder, wenn wir etwas niedriger greifen, von jemandem wie Jack London oder O'Henry. In gewisser Weise lenkt ihn dieses Geschichtenerzählen vom Sex ab. Er erzählte niemals schmutzige Geschichten. Er hätte gerne erzählt, sagte er mir, wie Joseph Conrad schrieb. Seltsamerweise hatte er, so irisch er auch war, niemals Shaw oder O'Casey gelesen. Er mochte Oscar Wilde und den Mann, der *Tristan und Isolde* übersetzt hatte. Er verehrte Lewis Carroll, konnte aber Shakespeare nicht ausstehen. (Er zog Marlowe vor.)

Alles in allem war er eine seltsame Mischung. Ganz ähnlich wie ich selbst. Vielleicht kamen wir deshalb so gut miteinander aus. Ich kann mich nicht erinnern, mich je mit ihm gestritten zu haben. Es störte ihn auch nicht, daß ich ihn nie meinen anderen Freunden vorstellte. (Ich hatte ihm am Anfang gesagt, daß meine Freunde nicht sehr freundlich auf ihn reagierten.) Es schien ihn nicht zu stören. Er zuckte einfach mit den Schultern und tat sie als Idioten und Schwachköpfe ab. Manchmal sagte er: «Ich verstehe nicht, was du an Soundso findest.» – «Gib dir keine Mühe», antwortete ich dann. Und hin und wieder, wenn wir auf der Straße oder in einem Coffee Shop an einen Verrückten gerieten, sagte er: «Ich hoffe, den bringst du in deinem nächsten Buch unter. Der ist pures Gold.» Und meistens hatte er recht. Schriftsteller finden nicht viel Nahrung bei anderen zeitgenössischen Schriftstellern oder bei Professoren oder bei Intellektuellen; ihr Material stammt gewöhnlich aus der Gosse, von den potentiellen Wahnsinnigen oder Kriminellen.

Bis zum Ende, das erst vor ein paar Jahren war, schlossen O'Reagans Briefe immer damit, daß er mir erzählte, in was für einer prächtigen Verfassung er sei. (Er starb mit Anfang Siebzig.) Ja, seine Verdauung klappte vorzüglich, er

hatte keine Schwierigkeiten beim Pissen, konnte ficken wie ein Hengst, so viel Schnaps trinken, wie er wollte und so weiter. Und darum war ich, als ich die Nachricht von seinem Tod bekam, eher erstaunt als betroffen. Ich hatte erwartet, daß er mindestens hundert würde. Wie Millionen anderer armer Schweine in diesem verfluchten Land «der Freien und der Tapferen» starb er an einer Herzattacke – in einer Bar an der Third Avenue.
Zieht man die Anstrengung in Erwägung, die es ihn kostete zu überleben, seinen Platz an der Sonne zu finden, dann hätte er eigentlich zwanzig Jahre früher sterben müssen.
Ich weiß nicht, wie man beschaffen sein muß, um in diesem verdammten Land zu überleben. Man muß die Moral eines Zuchtbullen, die Aggressivität eines Boxers, die Ruchlosigkeit eines Meuchelmörders und die Herzlosigkeit eines Magnaten haben – *und* noch haufenweise Glück! Joe war ein gemeiner Hundsfott, aber im Vergleich zu den Burschen, die heutzutage obenauf schwimmen, war er ein Edelmann. Obwohl er mit dem Papst oder der Kirche nichts im Sinn hatte, hätte er unter anderen Umständen vielleicht einen guten irischen Priester abgegeben. Nur die Dummheit und Bigotterie fehlten ihm dazu.

6.
Max Winthrop

Die Eastern District High School, wo ich Cora Seward begegnete und von der ich 1909 abging.

Warum jemals eine enge Bindung zwischen uns bestand, ist mir heute ein Rätsel. In vieler Hinsicht glichen wir einander – so sehr sogar, daß wir oft für Brüder gehalten wurden. In gewisser Weise waren wir beide Clowns, beide Schmierenschauspieler. Und unter all denen, mit denen wir verkehrten, hatten wir zwei am meisten Verve, am meisten Vitalität.
Wir lernten uns in der High School kennen. Aus Wehmut hatte ich beschlossen, auf eine Schule in meiner alten Gegend zu gehen. Und Max kam aus Greenpoint, nicht weit von meiner alten Heimat, dem 14. Bezirk.
Eines, das wir gemeinsam hatten, war, daß wir beide Klavier spielen konnten. Er spielte geschickter als ich, aber mir war es ernster damit. In der berühmten Xerxes-Gesellschaft, die wir gründeten, konnten alle Mitglieder *irgendein* Instrument spielen.
In der Schule bildeten er und ich zusammen mit vielleicht einem Dutzend weiterer Christen eine Enklave inmitten einer vollständig jüdischen Schülerschaft. Die Lehrer, die alle Christen und alle ziemlich exzentrisch waren, begünstigten uns natürlich mit guten Noten. Es herrschte kein offener Konflikt zwischen Juden und Nichtjuden, aber wir blieben betont unter uns. Und es wurmte uns ganz eindeutig, wenn die jüdischen Jungen ihre sportliche Überlegenheit bewiesen. In Handball waren sie Zauberkünstler. Es war, als sei das Spiel für sie erfunden. Wir anderen, wir Nichtjuden, besuchten nie einen der jüdischen Jungen zu Hause. Der Junge, der in der Schule die Auszeichnungen davontrug, war natürlich ein jüdischer Junge, ein sehr scheuer, introvertierter Typ, den wir, wo wir nur konnten, in Verlegenheit brachten und demütigten. Ich sagte, «natürlich» war er der beste, denn wir Nichtjuden nahmen die Schule leicht, während die jüdischen Jungen wie besessen büffelten.
Es war in meinem dritten Jahr der High School, als ich mich wahnsinnig in Cora Seward verliebte, die zu meinem Leidwesen näher bei Max als bei mir wohnte. Max sah sie häufig und behandelte sie ziemlich nonchalant, fand ich. Max war in kein Mädchen verliebt. Er hatte nichts als Mösen im Sinn, und das war ein Mangel, wenn man so will,

bei dem es sein Leben lang bleiben sollte. Alle meine Freunde in und außerhalb der Schule wußten, daß ich in Cora vernarrt war. Ihnen allen tat ich leid, weil ich mich so leidenschaftlich in sie verliebt hatte. Welche Ironie! Als ob nicht Liebe die größte Gabe sei. Statistisch gesehen waren alle meine Freunde «verliebt», wenn man es so nennen konnte. Sie hatten alle Freundinnen, die sie regelmäßig besuchten oder zu den Parties mitbrachten, die wir veranstalteten. Die meisten von ihnen (meinen Freunden, meine ich) waren noch jungfräulich. Während sie ihre Mädchen in regelmäßigen Abständen sahen, sah ich Cora selten, nur bei Parties. Mit ihr zu tanzen, war ein großes Privileg. Ich zitterte am ganzen Körper, wenn ich sie in den Armen hielt. Bei diesen Parties spielten wir harmlose Spiele wie «Kissen-Küssen» und «Postamt». Irgendwie hatten wir unseren Spaß, ohne viel zu trinken. Eine Punschbowle etwa befriedigte unsere Bedürfnisse vollauf.

Wie ich anderswo ausgiebig berichtet habe, hatte ich die Gewohnheit, nach dem Abendessen Hut und Mantel zu nehmen und einen Spaziergang zu machen. Abend für Abend war es der gleiche Spaziergang – der lange, lange Weg zu Coras Haus an der Devoe Street und zurück. Niemals blieb ich vor ihrer Tür stehen und klingelte, um ein bißchen mit ihr zu plaudern. Ich gab mich damit zufrieden, nur langsam unter ihrer Wohnung vorbeizugehen, in der Hoffnung, ihren Schatten im Wohnzimmerfenster zu sehen. Ich sah ihn nie, nicht ein einziges Mal in den drei oder vier Jahren, in denen ich dieses verrückte Ritual vollführte. Es kam schließlich zu einem Ende, als ich die Witwe kennenlernte und wie von Sinnen zu ficken begann. Nicht daß ich aufhörte, Cora zu lieben. O nein! Ich dachte sogar an sie, wenn ich mitten dabei war, die Witwe zu ficken. Meine Gedanken waren Tag und Nacht bei ihr, ohne Unterlaß. «Erste Liebe» nennt man das, und in den Augen der meisten Leute ist es eine Schwärmerei. Wie jämmerlich unwissend die Leute doch sind, wie neidisch auf wahre Liebe. Ich habe oft gesagt, und ich wiederhole es hier, daß Cora wahrscheinlich die letzte sein wird, an die ich auf meinem Sterbebett denke. Vielleicht sterbe ich mit ihrem Namen auf den Lippen. (Ande-

rerseits, falls sie noch lebt und ich ihr eines Tages über den Weg laufen sollte – welch ein Unheil!)
Max machte es sich zur Aufgabe, mich über alles, was Cora tat, auf dem laufenden zu halten. Seine Frau hatte sich offenbar mit Cora angefreundet, obwohl ich nie verstand, was diese beiden gemeinsam hatten. Natürlich betrachtete Max meine Liebe zu Cora als eine Krankheit. Für ihn war ich ein unheilbarer Romantiker. Wie ich schon sagte, hatte er nichts als Mösen im Sinn. Kein Wunder, daß er später Gynäkologe wurde. Obwohl er diesen Beruf, um bei der Wahrheit zu bleiben, bald desillusionierend fand. Wie er im Vertrauen hier und da zu mir sagte: «Es gibt nichts Widerlicheres, als den ganzen Tag Mösen zu untersuchen.» Aber auch das hielt ihn nicht davon ab, alles zu ficken, was ihm vor die Augen kam. Manchmal dachte er daran, umzusatteln und Psychologe oder Psychiater zu werden. Er erklärte, Frauenkrankheiten seien ein simples Problem – Frauen fehle nichts, als ordentlich gefickt zu werden. Im Laufe der Zeit zog er eine ganze Reihe wohlbekannter Gestalten aus der Bühnenwelt an. Er erzählte mir immer intime Details aus ihrem Liebesleben oder Sexualleben und berichtete, was für Mösen sie hatten. Es machte ihm keine Mühe, sie umzulegen. Sie schienen alle für seine Aufmerksamkeiten dankbar zu sein. So klug er auch war, geriet er doch ab und zu in die Klemme, schaffte es aber immer irgendwie, sich aus der Affäre zu ziehen. Ich beobachte mit Interesse, daß das, was damals als standeswidriges Verhalten angesehen wurde, heute von manchen Psychoanalytikern als ausgezeichnete Therapie befürwortet wird. Von der therapeutischen Frage abgesehen, läßt sich die Tatsache nicht leugnen, daß eine Frau, die oft und sachverständig gevögelt wird, ein glückliches Geschöpf ist. Die Frau, die bei ihrer Arbeit summt und singt, ist mit hoher Wahrscheinlichkeit an diesem Tag gut gefickt worden.
Mit einundzwanzig erkrankte Max an schwerer Lungenentzündung und wäre wahrscheinlich gestorben, wenn ihn seine Mutter nicht so liebevoll gepflegt hätte. Als er sicher außer Lebensgefahr war, beschlossen seine Eltern, ihn auf die Farm eines Verwandten zu schicken, wo er sich voll-

ends erholen konnte. Ich bekam von meinem Vater, für den ich damals arbeitete, die Erlaubnis, eine Woche oder zehn Tage bei Max zu verbringen. Ich habe diese Episode ausführlich in *Plexus* geschildert und will sie darum hier nicht wiederholen. Worauf es ankommt, ist dies: man kann es beinahe nicht glauben, daß sich zwei ausgewachsene Männer wie wir beide so betragen können wie die Kinder. Selten habe ich so viel Spaß gehabt wie während dieser Woche auf der Farm seines Onkels irgendwo in New Jersey. Selbst dort, wo er völlig fremd war, spürte er bald ein junges Mädchen auf, mit der er sich nach Einbruch der Dunkelheit unter der Brücke zum Vögeln traf.
Er war kein Mime, dieser Max, aber eine Art Schauspieler war er sicherlich. Er verstand es, den Schein zu wahren. Außerdem vermittelte er den Eindruck, als wisse er stets genau, was er sage. Gleichzeitig war er durch und durch sentimental. Wir, die wir so oft für Brüder gehalten wurden, waren sehr, sehr verschieden. Sogar damals, als wir enge Freunde waren, verachtete ich manches, woran er glaubte oder was er verfocht. Er sagte mir immer ein hartes Leben voraus, und natürlich behielt er recht. Aber eben das gehörte zu den Dingen, die ich an Max einfach nicht ausstehen konnte – daß er so oft recht haben und zugleich in seinem Denken so extrem konventionell sein konnte.
Natürlich fand er bei sämtlichen Eltern sämtlicher Clubmitglieder Bewunderung und Bestätigung. Für sie war er ein vorbildlicher junger Mann. Wir übrigen dagegen – nichts als Taugenichtse. Aber sie konnten nicht leugnen, daß wir es verstanden, uns zu vergnügen. Sie hörten uns gern singen und musizieren. Als Musiker brachte es übrigens keiner von uns zu etwas. Wir waren nichts Bedeutendes, keiner von uns. Dies waren die wenigen heiteren Jahre, die man uns zubilligte. Nachdem der Club sich aufgelöst hatte, gerieten wir eben in die übliche Tretmühle – wurden Berufstätige, Eltern, Nullen.
Warum schreibe ich dieses Buch, frage ich mich. Die meisten Ereignisse, von denen ich erzähle, habe ich in andern meiner Bücher ausgiebig behandelt. Und doch verspüre ich den Zwang, alles von neuem zu berichten, und sei es zum

zwanzigstenmal. Liegt es daran, daß ich von meinem eigenen Leben geblendet bin? Glaube ich, mein Leben sei so sehr anders gewesen als das der meisten Menschen? Ich fürchte, das tue ich. Und das Seltsame ist, daß ich mich heute, indem ich erneut darüber schreibe, als Person objektiv sehen kann. Ich bin nicht blind für meine Fehler oder eingebildet auf meine Talente. Was ich mehr und mehr sehe, ist das Element des Wunderbaren in meinem Leben. Es war ein «durch einen Zauber» beschütztes Leben, wie man so sagt. Ich schlängelte mich aus Situationen heraus, die für andere Tod oder Verderben bedeutet hätten. Ein kleines Beispiel fällt mir da sofort ein.

In der Zeit, als ich Klavierstunden gab – für fünfunddreißig Cent die Stunde! –, begegnete ich, wie ich schon sagte, der Witwe im Hause ihrer Freundin Louise. Ich gab Louises Tochter Unterricht. Nach den Stunden schickte die Mutter das Mädchen in sein Zimmer und versuchte, mich zu verführen. Eines Abends war ich gefährlich nahe daran, mich verführen zu lassen. Ich wußte weder, daß sie Syphilis hatte, noch daß sie von einem Neger ausgehalten wurde, dem Fahrradmechaniker, der mein Rad in Ordnung brachte, wenn es repariert werden mußte. Er hieß Ed. Eines Abends jedenfalls stehe ich an der Tür und verabschiede mich von Louise, da hören wir, wie ein Schlüssel ins Schloß gesteckt wird. Bevor Ed die Tür öffnen konnte, hatte sie mich schon hinter den Vorhang geschoben. Ich hörte sie sagen, mit einem Zittern in der Stimme: «Oh, Ed, bist du es? Ich habe dich gar nicht so früh erwartet.» Er streifte mich im Vorbeigehen, natürlich ohne zu ahnen, daß ich oder überhaupt jemand da war. Hätte er es gewußt, ich glaube, er hätte mich umgebracht. Ich werde nie vergessen, wie zärtlich sie sagte: «Oh, Ed, bist du es?»

«Meet Me Tonight in Dreamland» und *«Shine on, Harvest Moon, for Me and My Gal»*.

Heute denken die Leute wehmütig an die fünfziger und sechziger Jahre. Als diese beiden Lieder die große Manie waren – und sie waren wahrhaftig eine Manie, wie keiner der Hits, die wir heute kennen –, da stand, so könnte man sagen, die Welt in Blüte, *unsere* Welt. Niemand, der diese

Lieder einmal sang, hat sie je vergessen, da bin ich sicher. Es war die Zeit der offenen Straßenbahnen, die Zeit von Trixie Friganza und Elsie Janis, von George M. Cohan und Charles Chaplin, die Zeit der großen Tanzlokale, des Marathonlaufs und der kleinen Veilchensträußchen für die Liebste. Damals schien New York fürwahr eine glanzvolle Seite zu besitzen. Es gab so viele Berühmtheiten, für die das Herz des Publikums schlug. Da waren die großen Ringer, wie Jim Londos, zum Beispiel, oder wie Earl Caddock, der Mann der tausend Griffe – keine Angeber wie heutzutage. Da waren die großen Boxer, wie Fitzsimmons, Corbett, Jim Jeffries, Jack Johnson. Da waren die Sechs-Tage-Radrennfahrer und die Polospieler. Football und Basketball traten praktisch gar nicht in Erscheinung. Ein Elvis Presley war undenkbar, und ein verrückter Spinner wie Moon Dog Main, der Glas frißt und lebende Goldfische verschluckt, auch.

Ich sehe mich noch am Klavier sitzen und aus meiner Notenmappe ein Lied nehmen, das Cora gefallen würde. Mein Lieblingslied war natürlich «*Meet Me Tonight in Dreamland*». Dort verbrachte ich meine meiste Zeit – im Traumland. Seltsam, daß ich nie daran dachte, sie zu ficken. Nicht daß sie zu erhaben, zu heilig gewesen wäre, um gefickt zu werden. Nein, was ich für Cora empfand, war LIEBE, Liebe in himmelhohen Buchstaben. Und ich brachte beides nie durcheinander, Liebe und Sex – woran man sieht, was für ein Schwachkopf ich gewesen sein muß.

Wie wundervoll, neben ihr zu sitzen in der offenen Straßenbahn, unterwegs nach Rockaway oder Sheepshead Bay, und aus voller Lunge zu singen: «*Shine on, Harvest Moon, for Me and My Gal*». Oder: «*I don't want to set the world on fire...*» Wie viele solche Liedchen es in jenen Tagen gab! Alle aus Tin Pan Alley, vom «ollen kleinen Broadway», wie wir damals sagten. Und was für ein Scheißloch ist er heute! Der Glanz hat sich in Schmutz verwandelt, die Berühmtheiten sind verschwunden, eine Fotze wie Linda Lovelace, die den größtmöglichen Schwanz schlucken kann, hat einen großen Namen. Bloß, weil sie das fertigbringt! Man stelle sich das vor!

Vielleicht deswegen konnten Max Winthrop und ich mit einundzwanzig auf jener Farm in New Jersey, wo er sich erholte, wie kleine Jungen spielen. Es war Vorfrühling, und in den Nächten und frühen Morgenstunden war es bitterkalt. Wir schliefen unter Daunendecken, denn es gab keinerlei Heizmöglichkeit in den Schlafzimmern. Der Neffe von Max, Maury, der geistig zurückgeblieben oder ein bißchen verrückt war, vielleicht auch beides, schlief bei uns im Zimmer. Wir lagen stundenlang wach, erzählten Geschichten oder tauschten Witze aus. Maury sah zu seinem Onkel Max auf wie zu Jesus Christus persönlich. Er hätte alles für ihn getan. Max dagegen behandelte seinen Neffen als das, was er war – als Schwachsinnigen. Er knuffte ihn, rief ihm Schimpfworte nach, ließ ihn alle möglichen Sachen anstellen, die seine Eltern mißbilligt hätten. Je schlechter er den Jungen behandelte, um so mehr verehrte der Junge ihn. Offenbar aus Dankbarkeit spürte er für Max sogar eine hübsche junge, frische Möse auf. Servierte sie ihm auf einem silbernen Tablett, mit ein wenig Petersilie garniert, damit sie noch eine Spur besser munde. Dieser Unfug war ganz nach Max' Geschmack. Wie ich schon sagte, Max verstand es, den Schein zu wahren. Abends setzte er sich ans Harmonium und spielte für Maurys Eltern Choräle. Sie ahnten nicht im geringsten, was für ein reizendes Ungeheuer sie da beherbergten.

Im Bett brachte er Maury zum Lachen, indem er die frommen Mienen von Maurys Eltern nachmachte. Max konnte sie sogar durch und durch schwachsinnig aussehen lassen, ohne Gefahr zu laufen, daß er Maurys Gefühle verletzte. Maury lachte schnell, lachte über alles, was Max sagte. Ich mußte selbst lachen. Ich lachte und wußte doch sehr wohl, wer und was Max war. Zu Hause ein guter Ehemann, ein guter Vater, in seiner Praxis ein guter Arzt. Im Billardzimmer ein Hai. Auf dem Tanzboden ein Satyr. Mit heruntergelassenen Hosen Priapos persönlich. Und all diese Gestalten waren in der einen Person vereint, die der Welt als Max Winthrop bekannt war, Henry Millers Freund. Fast jeder nahm an, wir seien so dicke Freunde, daß nichts uns je trennen könnte. Einerlei wie gesellig ich lebte, war ich doch auch ein Einzelgänger, ein großer Einzelgänger. In allem außer Geselligkeit und Kameraderie unterschied ich mich aufs äußerste von den übrigen Clubmitgliedern. Genauso war es auf der Straße; jeder betrachtete mich als seinen Freund, seinen besonderen Freund, wohingegen mir das Geschick meiner Freunde höchst gleichgültig war. Gewiß, hier und da tat ich einmal etwas Dramatisches für einen dieser Freunde, verkaufte etwa mein Fahrrad oder verpfändete meine Uhr, damit einer nicht wegen eines harmlosen Diebstahls ins Gefängnis mußte.

Man muß wirklich jung sein, denke ich, um einem geheimen Handschlag oder Losungsworten und dergleichen solche Bedeutung beizumessen, wie wir das taten. Oder um so ehrlich gerührt zu sein, wenn man einander wiederbegegnet, nachdem nur ein oder zwei Wochen verstrichen sind. Ich selbst war wahrscheinlich gefühlvoller als alle andern. Wenn ich Georgie Alford seine Geige aus dem Kasten nehmen und stimmen sah, war ich schon den Tränen nahe. Ich fand die Art, wie er das Instrument spielte, wunderbar. Er liebte alle Stücke in Moll und war ein großartiger zweiter Geiger. Im übrigen brachte er sich langsam mit Frauen, Alkohol und Tabak um. Er sah schwindsüchtig aus wie Chopin, und wenn er spielte, dann immer mit ganzer Seele. Gleichzeitig war er ein absoluter Tunichtgut – ohne eine versöhnende Eigenschaft außer seinem liebenswerten Wesen.

In der Frühzeit der Xerxes-Gesellschaft hatte ich eine miserable Stelle bei einer bekannten Zement-Firma. Ich war Registrator und offenbar kein sehr fähiger, obwohl selbst ein Idiot die Sache ordentlich hätte erledigen können. Ich war viel zu sehr von meinem Fahrrad in Anspruch genommen, blieb abends zu lange mit der Witwe auf, und natürlich fehlte mir jegliches Interesse für die Arbeit. Mein Vorgesetzter, ein jähzorniger Kanadier, konnte schäumen vor Wut über meine Fehler. Ich bin überzeugt, daß er mich für geistig minderbemittelt hielt. Mein Gehalt war lächerlich. Damals verdienten erwachsene Männer, verheiratet, vielleicht mit Kindern, oft nicht mehr als fünfzig Dollar im Monat. Ich glaube, mein Gehalt lag bei fünfzehn oder zwanzig Dollar im Monat.

Der einzige von uns, der immer Geld in der Tasche hatte, war Max Winthrop. Er ging haushälterisch mit seinem Geld um und sparsam. Wir übrigen hatten nicht den geringsten Sinn für den Wert von Geld. Ich brachte es zum Beispiel fertig, mein Mittagessensgeld für eine ganze Woche an einem einzigen Abend zu verplempern. Also hungerte ich für den Rest der Woche oder lieh mir fünf Cent von einem Kollegen für einen Riegel Schokolade. Für Süßes hatte ich etwas übrig. Die fünfunddreißig Cent, die ich für eine Klavierstunde bekam, waren ausgegeben, bevor ich zu Hause war. Ich kaufte mir zwei Bananensplits, die mich dreißig Cent kosteten. Manchmal war ich so verärgert über mich und darüber, daß ich so wenig Geld hatte, daß ich die restlichen fünf Cent in die Gosse warf. Später sollte ich mich im Regen niederbeugen und die Cents auflesen, die mir jemand aus Mitleid zugeworfen hatte.
Ich konnte mir nie vorstellen, daß Max solche Dinge tat. Aber ich konnte mir auch nie vorstellen, daß er einen *Tropic of Cancer* oder nur einen Mickey Spillane-Reißer schrieb. Man konnte sein Leben weit vorhersehen – es war, als habe ihm jemand einen Plan davon auf den Körper tätowiert. Keine Überraschungen, das Talent, das er darin bewies, neue Mösen aufzuspüren, einmal außer acht gelassen. Ich konnte mir nie vorstellen, daß er einem Mädchen große Zuneigung bekundete – oder ihr einen Liebesbrief schrieb. Bei Max mußte die Sache schnell gehen, oder es war nichts damit. Das Komische daran ist, daß Max gar nicht den Eindruck eines Burschen machte, der ständig auf der Pirsch ist. Das Mädchen wußte manchmal selbst erst, daß er ein Auge auf sie geworfen hatte, wenn sie seinen Schwanz in sich spürte. Max konsumierte ein Mädchen wie ein Sandwich. Anschließend einen freundlichen Klaps auf den Hintern, und danke schön! Das war's. Mach es gut, Süße! Gewöhnlich kosteten ihn diese Ficks auch keinen Cent. Max hatte einen simplen Grundsatz – wenn sie dich mögen, kannst du sie ficken; wenn sie dich nicht mögen, bringt dich Geld auch nicht weiter. Im ganzen hatte er recht. Aber was für Schlampen waren denn seine Eroberungen? Manche mochte er, weil sie große Titten hatten, manche wegen eines scharfen Arschs,

was immer das sein mochte, und manche, weil sie nicht nur zu ficken verstanden, sondern weil sie *mit Begeisterung* fickten. Solche standen ganz oben bei Max auf der Liste. Er sprach nie über die Schönheit eines Mädchens. Er sprach von separaten Körperteilen. So konnte er zum Beispiel in Lobeshymnen auf die Haare an der Möse eines bestimmten Mädchens ausbrechen. Einmal schwärmte er von einer Fünfzehnjährigen, die es, wie er sagte, mit Vorliebe stehend trieb. Außerdem hörte sie überhaupt nicht mehr auf zu kommen, wenn sie erst einmal angefangen hatte. Er hatte Angst, sie mit dem Mund ranzulassen, aus Angst, sie würde ihm in schierer Ekstase den Schwanz abbeißen.
Es gab noch ein anderes Clubmitglied, das genauso ein Lustmolch war wie Max. Aber ihm widme ich gleich ein eigenes Kapitel. Jedenfalls sind mir nie mehr zwei Männer begegnet, die so nach Sex hungerten, die sich Sex zur Aufgabe gemacht hatten, könnte man sagen. Keiner von beiden sprach je davon, daß er verliebt sei. Sie waren nur auf Mösen aus, oder, wie sie sich ausdrückten, auf «einen frischen Arsch».
In gewisser Weise war es in jenen Tagen ebenso leicht, etwas zum Vögeln zu finden, wie es das heute ist. Die Männer haben sich nicht sehr verändert, und die Frauen auch nicht. Der große Unterschied zwischen damals und der jetzigen Zeit besteht darin, daß heute die Liebe ausstirbt. Die Lieder mögen voller Liebe sein, aber nicht die Herzen der Menschen. Wahnsinnig verliebt zu sein in jemanden, bedeutet, daß man altmodisch ist. Angeblich. Auch das ist nicht wahr. Der große Unterschied zwischen heute und gestern ist, daß man heute niemanden um Erlaubnis zu bitten braucht. Alles, worauf es ankommt, ist, daß sie es gern tut und es tun möchte. Keine Gefahr mehr, daß sie eine alte Jungfer wird, wenn ihr nichts fehlt. Auch das Verheiratetsein ist nicht mehr wichtig. Zu meiner Zeit mußte man, selbst wenn man nur eine Prostituierte in ein Hotelzimmer mitnahm, einen Koffer bei sich haben und sich als Mr. und Mrs. Soundso ins Register eintragen.
Heute kann es eine gute Hure – sagen wir, ein Callgirl – auf ein paar hundert Dollar am Tag bringen, ohne sich krumm-

zulegen. Zu meiner Zeit konnte man manchmal schon für fünfzig Cent etwas haben. Heute fahren diese Mädchen in Autos umher, haben schicke eigene Apartments, sind nicht krank und haben es nicht auf einen schnellen Dollar abgesehen. Man braucht sich ihrer nicht zu schämen, wenn man sie zum Essen ausführt oder eine Runde Golf mit ihnen spielt. Manche von ihnen sind so sportlich und so belesen, daß es schwierig ist, dafür zu sorgen, daß sie mit den Gedanken bei der Sache bleiben. Sie wären ebenso geneigt, über Hemingway oder Tolstoi zu reden oder einem zu erklären, wie es genau um Muhammad Ali und Joe Frazier steht. Es sind keine Huren mehr. Es sind helle, gebildete junge Frauen, die sich ein gutes, sauberes Einkommen verdienen, indem sie mit Männern ficken – und sie ficken nur mit solchen, die ihnen gefallen –, die sie «Gentlemen» nennen.

Wenn ein Mädchen heute mit achtzehn noch nicht gefickt worden ist, gilt sie als eine, der etwas fehlt. Die meisten fangen mit zwölf oder vierzehn an. Mit einundzwanzig kann ein Mädchen heute schon hundert verschiedene Männer gehabt haben. Nicht daß sie das glücklicher macht als ihr Gegenstück vor fünfzig Jahren. Es braucht auch kein Mädchen ein Paar große Titten oder einen scharfen Arsch zu haben. Einfach jederzeit bereit zu sein, ist das Wesentliche. Sie sollte natürlich bis hundert zählen können. Von Differentialrechnung oder höherer Mathematik braucht sie nichts zu verstehen. Noch braucht sie Shakespeare, Homer oder Dante zu kennen.

Man denke an die Filmstars, die aus der Gosse kamen. Wen kümmert das? Kann sie einen noch anheizen – nur darauf kommt es an. Es gab eine Frau im Showgeschäft, die brauchte nur ein einziges Lied am Abend zu singen, und das ganze Land lag ihr zu Füßen. Sie brauchte nicht ihren Bauchnabel zu zeigen oder mit dem Arsch zu wackeln oder ihre Titten heraushängen zu lassen wie ein «Zu verkaufen»-Schild. Sie brauchte nur auf ihre eigene, unnachahmliche Weise das Lied zu singen, das sie so populär gemacht hatte: «*Redhead*». Ihr Name war Irene Franklin. Kein großer Star, auch keine große Persönlichkeit übrigens. Aber sie hatte gefunden, was die Leute wollten – eine gefällige Melodie.

Und darum konnte sie alles haben, was sie wollte. Es gab eine ganze Reihe solcher Männer und Frauen in den alten Tagen. Jeder liebte sie. Wer erinnert sich nicht an Jack Norworth und Nora Bayes? Sie brauchten keine großen Schauspieler oder Schauspielerinnen zu sein, sie brauchten auch nicht allzu intelligent zu sein. Noch war ihr Sexualleben in aller Munde. Keiner von ihnen war so etwas wie eine Garbo oder eine Duse. Amerika schloß sie einfach ins Herz. Glückliche Geschöpfe. Ein Typ, der seltener und seltener wird. Heute ist es eher noch ein Football-Star als eine Persönlichkeit vom Theater oder vom Film. Ich will damit ungefähr sagen, daß in den alten Zeiten die Dinge etwas Leichtes hatten, daß es mehr Gefühl, mehr Wärme, mehr Hingabe und Loyalität gab. Die Werbung steckte noch in den Kinderschuhen. Der PR-Mann war unbekannt. Champagner war mehr *en vogue* als Kokain.

Am Beginn meines Lebens gab es Bücher – Mengen von Büchern. Jeder, der mich kannte, wollte meinen Lesehunger stillen helfen. Heute werde ich mit Büchern überschwemmt – in vielen Sprachen. Viele werfe ich in die Mülltonne. Ich habe keinen Respekt vor Büchern an sich. Ich werde fast lebendig begraben unter der Lawine von Lesestoff. Und je mehr ich lese, um so klarer wird mir, daß es nur wenige Große gegeben hat. Ich wollte unter ihnen sein, einer sein, an den man sich erinnern würde. Und hier war wieder ein irritierender Unterschied zwischen Max und mir. Er verehrte Bücher und konnte, wenn überhaupt, kaum zwischen einem großen und einem mittelmäßigen Autor unterscheiden. Ihn verwirrte immer die Vielfalt der Autoren, die zu lesen und zu bewundern ich vorgab. Denn ich las nicht *alle* die Bücher, über die ich so eloquent reden konnte. Manche Autoren machten mich trunken, bevor ich sie noch gelesen hatte. Manche waren für mich wie Götter, obwohl ich nie eine Zeile von ihnen las. Ich konnte ein gutes Buch oder einen guten Autor *riechen*, wie ein Hund ein gutes Hinterteil riecht. Ich brauchte mich nicht in ausgetretenen Spuren zu bewegen, wenn es darum ging, ein Genie von einem bloßen Schreiberling unterscheiden zu können. Ich hatte immer nur Verachtung übrig für die Bücher, die man uns in der Schule

zu lesen gab. Max dagegen hielt diese Bücher für «wirkliche Literatur».
Die meisten Menschen sind blind, taub und stumm geboren. Sie glauben, indem sie sich das zulegen, was man «Kultur» nennt, könnten sie die ihnen fehlenden Fähigkeiten ersetzen. Sie lernen, Namen aufzusagen – von Autoren, Komponisten, Schauspielern und so weiter. Die geben sie für die Sache selbst aus. Vorträge zum Beispiel sind für sie von größter Bedeutung: als leichter Weg, Kultur aufzusaugen. Ich war immer mißtrauisch der Kultur gegenüber. Als der geborene Nachahmer, der er war, triefte Max vor Kultur. Wenn, wie er einmal sagte, «die Sonne im Arsch seiner Mutter auf- und unterging», dann ließe sich von der Kultur behaupten, daß sie das gleiche in *seinem* Arsch tat. Seltsam, welch über die Maßen bedeutsamer Körperteil der Arsch für ihn war. Wenn man ihn von Soundsos herrlichem Arsch schwärmen hörte, war das, als lausche man Vergil persönlich bei einer Lesung aus seiner *Äneis*.
Wie sein Vater – der aussah wie ein französischer Bauer – war Max groß und schwer und hatte nichts Zartes an sich. Man hätte meinen können, seine dicken Finger seien zu plump zum Klavierspielen, aber dem war nicht so. Sie verstanden es wohl, «die Tasten zu kitzeln», wie wir sagen. Sie verstanden es auch, auf dem schnellsten Wege zum Muttermund vorzudringen. Er konnte den *«Maple Leaf Rag»* spielen wie ein betrunkener Nigger.
Je deutlicher unsere kleinen Differenzen hervortraten, um so unvermeidlicher wurde letztlich unsere Entfremdung. Und dennoch war es nicht die Summe dieser Differenzen, die den Bruch schließlich herbeiführte, sondern etwas gänzlich Unerwartetes.
Wie schon gesagt, hielt mich Max über Cora auf dem laufenden. Seine Frau kannte jemanden, der Cora sehr nahestand. Auf diese Weise erfuhr ich, daß sie vorhatte, Lehrerin zu werden, etwas, das mich ehrlich betrübte. Aus derselben Quelle erfuhr ich, daß sie immer schmaler, blasser, ernster wurde, und auch das waren deprimierende Nachrichten. Kurzum, ich verließ mich darauf, daß Max mich über Coras Tun und Treiben unterrichtete. Manchmal er-

kundigte ich mich schüchtern, ob Cora je nach mir fragte. Offenbar tat sie es nicht.
Aus einer anderen Quelle erfuhr ich allerdings, daß sie sich doch von Zeit zu Zeit nach mir erkundigte. Durch einen merkwürdigen Zufall war ihr Schwager, ein recht wohlhabender Mann, Kunde meines Vaters. Er wußte über mich und Cora Bescheid und gab bereitwillig Auskunft über sie, wenn er in das Geschäft meines Vaters kam. Gewöhnlich zog er mich damit auf, daß ich nicht mehr unternahm. Er riet mir warnend, ich solle aufwachen, ehe sie sich in einen anderen verliebe. (Seltsamerweise zog ich diese Möglichkeit nie ernstlich in Betracht. Ich sah Cora stets als jemanden, der einfach da war und auf mich wartete – bis in alle Ewigkeit.) Trotzdem telephonierten wir nie miteinander und wechselten auch nicht mehr als drei bis vier Briefe im Jahr. Ihre Briefe waren durch und durch konventionell – ihre Handschrift entflammte mich mehr als ihre Worte. Wir waren eben nicht dafür geschaffen, in diesem Leben zusammen zu sein. In einer anderen Zeit vielleicht – in der Vergangenheit oder Zukunft, aber nicht in dieser Zeit. Sie mir im Bett mit einem anderen Mann vorzustellen, einem Ehemann etwa, war mir unmöglich. Sie gehörte nicht zu jener Sorte von Frauen, die sich einen Trauschein holen und sich dann Nacht für Nacht vergewaltigen ließen. Und doch...
Wir kommen dazu. An einem einzigen Abend werden all meine Illusionen zerschlagen. An einem einzigen Abend werden all meine Hoffnungen vernichtet, all meine Gefühle zerschmettert. Ein purer Zufall. Wir sind auf jener Farm in New Jersey. Es ist Nacht, und wir liegen unter den behaglichen Daunendecken und erzählen uns Geschichten.
Plötzlich frage ich Max völlig unvermittelt, ob er in der letzten Zeit etwas von Cora gehört habe. Ich hatte seit über einem Jahr nichts Neues mehr über sie erfahren.
«Ich glaube, es geht ihr gut», antwortete Max.
«Du *glaubst*», wiederholte ich. «*Weißt* du es nicht? Trifft deine Frau die gemeinsame Freundin nicht mehr?»
«Doch, Myrtle trifft sie noch, nur wo Cora jetzt verheiratet ist –»
Ich saß auf einmal kerzengerade im Bett. «*Verheiratet*»,

brüllte ich. «*Seit wann!* Du hast mir nie erzählt, daß sie geheiratet hat.»
«Doch, Hen, du hast wohl bloß nicht zugehört.»
«Wann war das?» fragte ich.
«Oh, vor einem Jahr etwa. Du warst gerade zu Hause ausgezogen und lebtest bei der Witwe.»
Ich schüttelte ungläubig den Kopf. Cora verheiratet – unmöglich.
«Was ist das für ein Kerl, den sie geheiratet hat?» fragte ich.
«Ein netter Kerl», sagte Max. «Ein Chemiker oder Physiker, glaube ich.»
«Wie lange sind sie denn miteinander gegangen?»
«Oh, etwa ein Jahr... Verstehst du, Hen, als Cora das mit der Witwe herausbekam, gab das den Ausschlag.»
«Wie hat sie es denn herausbekommen?»
«Was fragst du mich? So etwas spricht sich herum, weißt du. Außerdem ist sie euch beiden einmal am Strand begegnet, erinnerst du dich? Das hat ihr einen ganz schönen Schlag versetzt. Als sie dann hörte, daß ihr zusammen lebt, na ja, den Rest kannst du dir denken.»
Ich hörte ihm nur mit einem Ohr zu. Ich war wütend, wütend auf ihn, weil er mir nicht eher davon erzählt hatte, und noch wütender, weil er das alles so selbstverständlich nahm.
«Weißt du, was ich mit dir machen sollte?» brüllte ich. «Ich sollte dich zu Brei schlagen.»
Jetzt setzte *er* sich schnurgerade im Bett auf. Maury mahnte uns, wir sollten unsere Stimmen dämpfen, sonst würden wir die alten Leute aufwecken.
«Hör mal, Hen», fängt Max an. «Du benimmst dich seltsam, seit du mit der Witwe angebändelt hast. Du bist zerfahren, gereizt – du bist nicht mehr derselbe. Wir haben dir alle zugeredet, sie aufzugeben, aber du stellst dich taub. Du merkst gar nicht –» Er brach abrupt ab.
«Was merke ich nicht», fragte ich.
«Du merkst gar nicht, wie unpassend das wirkt, wenn du mit einer Frau gehst, die deine Mutter sein könnte.»
«Nein, das merke ich nicht», erwiderte ich. «Sie sieht nicht

alt aus. Und außerdem ist siebenunddreißig oder achtunddreißig nicht alt.»
«Nein», sagte Max. «Es geht nur um den Unterschied zwischen euch. Das ist nicht natürlich.»
«Aber ich –» Ich sprach nicht weiter, ich hatte gerade sagen wollen: «Aber ich liebe sie.» Auf meine seltsame Art liebte ich sie wohl tatsächlich, wenn ich mir auch sagte, es sei Mitleid, was mich an sie binde. Das war natürlich gelogen. Ein Mann fickt nicht eine Frau Nacht für Nacht, im Bett, auf einem Sessel, unter dem Tisch – aus Mitleid. In Wahrheit sah die Sache so aus, daß ich jeden Tag überlegte, wie ich mich lösen könnte. Sie wußte, daß ich Cora liebte, obwohl ich selten von ihr sprach. Nun lag, wie ich am nächsten Tag herausfand, das Haus, in dem Cora und ihr Mann wohnten, in der nächsten Straße hinter der unseren. Ihr Haus lag sogar dem unseren unmittelbar gegenüber. Wir wohnten beide im obersten Stock. Mit einem Fernglas konnte ich von meinem Hoffenster aus direkt in ihres blicken – in ihr Schlafzimmer, ausgerechnet, jenes Zimmer, von dessen Existenz ich nichts wissen wollte. Und das ging nun schon seit über einem Jahr so. Irgendwie brachte ich es nicht fertig, es zu glauben. Und ich haßte, verachtete und verabscheute Max dafür, daß er es mir erzählt hatte. Es wäre mir lieber gewesen, er hätte mich belogen. Ich konnte und wollte ihm nicht vergeben und habe es auch nie getan.

7.

Alec Considine

Rotes Backsteinhaus rechts – 622 Driggs Avenue, wo ich wohnte, bis ich neun war.

Ich bin nicht sicher, ob seine Eltern aus Galway oder der Grafschaft Cork stammten, aber sie waren so irisch wie Irish-Stew. Sein Alter war Ziegelträger und sah auch so aus. Seine Mutter wirkte eher wie eine der gestrengen Frauen aus Neuschottland als wie eine irische Putzfrau. Der Alte bekam ab und zu einen Koller. Er war griesgrämig und giftig. Er konnte vor Zorn rasend werden und geradezu tanzen vor Wut. Ich fand das Leben bei uns daheim schon schwierig genug, aber bei Alec zu Hause war es hundertmal schlimmer. Sein Alter bereitete ihm eine Demütigung nach der andern. Der Alte war so unwissend, daß er noch nie von Robert Burns gehört hatte. Und obendrein war er noch so voreingenommen, engstirnig katholisch, störrisch und dickköpfig, wie es nur geht.

Alec kam aus der alten Nachbarschaft, besuchte aber nicht dieselbe Schule wie ich. Er ging auf eine Handelsschule und lernte Stenographie und Schreibmaschine. Er hatte vor, sich als Stenograph durchzubringen, während er das College absolvierte.

Ich lernte Alec durch Max Winthrop kennen. Sie wohnten in derselben Gegend. Der Umstand, daß Alecs Vater und Mutter aus Irland kamen, bedeutete, daß sie gerade so gut von einem andern Planeten hätten kommen können. Alecs Art waren ihnen so unbegreiflich wie ihm die ihre. Es gab keine Möglichkeit, einander zu verstehen.

Wie mein Freund Jimmy Pasta hatte auch er Ambitionen, war jedoch noch nicht endgültig entschlossen, was er werden wollte. Zunächst einmal wollte er eine gute Bildung.

Alec war derjenige, mit dem ich mich am besten verstand, soweit es um intellektuelle Dinge ging. Während Max Winthrop durch und durch konventionell war in seinem Denken – wenn nicht in seinem Verhalten –, war Alec Considine Rebell und radikal bis in die Knochen. Wir stritten und diskutierten ständig über etwas, hauptsächlich über Bücher und das Weltgeschehen. Oftmals wurde es vier oder fünf am Morgen, bis wir auseinandergingen.

Wenn wir hin und wieder ein gutes Theaterstück sahen, etwa von Shaw, Galsworthy oder O'Neill, konnten wir wochenlang darüber nachgrübeln. Natürlich hatten wir beide die großen europäischen Dramatiker gelesen, wie Ibsen, Ernst Toller, Strindberg, die deutschen Expressionisten und andere mehr. Wir waren beide unersättliche Leser, und wir blickten wegen ihrer Unwissenheit ziemlich auf die übrigen Clubmitglieder herab.

Besessen war er – wie Max Winthrop – vor allem von *Mösen*. Einerlei wie eine aussah, wie dumm sie womöglich war – konnte man sie ficken? Das war das einzige, was ihn interessierte. Soundso oft holte er sich den Tripper, was ihn nicht groß störte: er behandelte ihn wie einen Schnupfen. Zudem schien er nur noch geiler davon zu werden.

Gern suchte er sich eine gutmütige Nutte, fickte sie in ihrem Zimmer und türmte dann, ohne zu bezahlen.

Selbstverständlich gefielen ihm die Tanzlokale. Nicht die mit Taxigirls, sondern die Kaschemmen, in die Mädchen kamen, um Männer aufzulesen, und umgekehrt. Er trank kräftig, aber das war ein natürlicher Bestandteil seiner irischen Herkunft. Sein Alter stammte aus den Slums. Es war lustig, wie gut ich mit seinen Eltern auskam. Für sie war ich ein richtiger Gentleman; sie mochten den respektvollen Ton, in dem ich zu ihnen sprach, und ganz allgemein die Art, wie ich mich benahm. Warum konnte ihr Alec nicht so sein wie ich? In ihren Augen war er nichts als ein Bummler, er würde niemals wer sein oder es zu etwas bringen. (Ich sollte hinzufügen, daß meine Eltern über mich ziemlich genauso dachten. Besonders beanstandeten sie meinen Umgang mit Alec.)

Wie auch immer, er hielt sie alle zum Narren. Er brachte die Handelsschule hinter sich, dann das College mit einem Magistergrad. Was nun? fragte er sich. Was sollte er tun, um sich sein Geld zu verdienen? Das alles machte ihn nicht besser. Er war unverbesserlich.

Durch einen seltsamen Zufall kam es, daß er sich für die Architektenlaufbahn entschied. Jemand hatte ihm ein Buch über den berühmten Sullivan aus Chicago geliehen, den Vorläufer von Frank Lloyd Wright. Das bestimmte seinen Entschluß. Er wollte in New York ein paar Gebäude bauen, die man nicht vergessen würde. Und so seltsam es klingt, genau das tat er am Ende.

Aber ich eile mir selbst voraus.
Zu den Dingen, die ihn an mir ärgerten, gehörte es, daß ich ständig pleite war. Wo wir auch hingingen, immer zahlte er, freilich nicht ohne viel Gebrumme und Gefluche. Er hielt mir dann große Vorträge über meinen Mangel an Ehrgeiz. Was wollte ich eigentlich einmal werden? Er wußte ganz genau, daß ich schrieb oder zu schreiben versuchte, aber das machte ihm nie großen Eindruck.
Meine erste Frau haßte ihn. Sie wußte, was Alec für einer war, und versuchte immer, mich zurückzuhalten, wenn er mich aufforderte, mit ihm auszugehen. Alec hatte mitbekommen, welche Qualen ich mit Cora und der Witwe durchmachte, und wußte, daß ich es mit meiner Frau nicht lange aushalten würde. «Ich habe dir nicht geraten, sie zu heiraten», sagte er einmal zu mir. «Ich meinte bloß, sie sei gut fürs Bett.»
So unglaublich es scheinen mag, ich hatte jeden Tag Streit mit ihr. Es gab nicht eine einzige Sache, in der wir gleicher Ansicht waren. Sie war in einer katholischen Schule erzogen worden, hatte später ein katholisches Musikkonservatorium in Kanada besucht und steckte natürlich voller falscher Ideen jeglicher Art. Trotz ihrer starren Moralvorstellungen und blödsinnigen Überzeugungen waren manche von ihren katholischen Freundinnen ganz schön scharf. Ich erinnere mich an eine, die immer an ihrem Rosenkranz fummelte und, während sie fickte, als ginge es um ihr Leben, mit lauter Stimme rief: «O Mutter Gottes, o heilige Jungfrau, vergib mir, was ich tue!» Und damit packte sie meinen Schwanz, hielt ihn eine Weile in der Hand, liebkoste ihn, küßte ihn, schob ihn dann zurück in ihre Möse und flüsterte: «Noch ein bißchen mehr, Henry, es tut so gut. Fick mich, fick mich! Und möge die heilige Jungfrau mir vergeben und mich beschützen!»
Wen Alec gern mochte, waren Krankenschwestern. Sie wußten sich in acht zu nehmen, sie waren frei in ihren Vorstellungen, und man wurde leicht mit ihnen fertig. Lang war die Reihe von Krankenschwestern, die er im Park fickte, sie mit dem Rücken an einem Baum. Wie ein anderer Busenfreund von uns, hielt er nichts davon, für Frauen unnötig

Geld auszugeben. Dagegen erzählte *er* ihnen, er liebe sie. Er erzählte ihnen alles mögliche, versprach sogar, sie zu heiraten, solange er nur zum Zuge kam.

Das Aufregende waren unsere Gespräche und Diskussionen. Als Ire hatte er eine natürliche Begabung fürs Debattieren und Disputieren. Aber er war auch ein Logiker. Es gab nichts, was ihm nicht Stoff für Argumente lieferte. Außerdem erteilte er gern Ratschläge, war aber selber nur selten imstande, einen anzunehmen. Unsere besten Gespräche fanden in seinem Zimmer statt. Im Gegensatz zu meinem Flurzimmer, das mehr einer Gefängniszelle glich, war sein Zimmer geräumig, wies einen Ausguß mit fließendem Wasser auf, eine Couch, ein paar bequeme alte Sessel und ein großes Bett. Er stand auf, wann es ihm verdammt noch mal paßte. Manchmal hatte er ein Mädchen bei sich im Bett. Dann stellte er sie lässig vor, wobei er so tat, als kenne er sie seit langem. «Das ist die Kleine, von der ich dir erzählt habe, Hen», sagte er etwa und zog die Decken von ihr weg, um ihre Reize bloßzulegen. Er tätschelte ihr den Bauch oder Hintern und setzte hinzu: «Nicht übel, was?»

Was unsere Beziehung besonders auszeichnete, war die Vertraulichkeit, in der wir schwelgten. Wir waren mehr wie zwei Russen aus Dostojewskij als Eingeborene von Brooklyn.

Wenn er zum Beispiel den Tripper hatte, kam er aus dem Bett, forderte mich auf, an den Ausguß zu treten, nahm dann seinen Schwanz heraus – ein fürchterlicher Anblick – und fragte mich allen Ernstes, ob ich meine, er solle deswegen zum Arzt gehen. Mit dem Schwanz in der Hand – er sah wie ein blutiges Würstchen aus – begann er dann eine lange Geschichte über irgendein Mädchen, das er kennengelernt hatte, und ihre Beziehungen zum Gemeindepriester. (Er haßte die katholische Kirche wie die Pest.) «Hör zu, Hen, kapierst du das», fing er an. «Sie geht zur Beichte, und diesmal muß sie beichten, daß sie gerade ihr erstes Erlebnis mit einem Mann hinter sich hat.»

Und dann kommt der folgende Dialog ... Er ahmt Father O'Reilly nach, den frommen Heuchler mit der Honigzunge.

Father O'Reilly: «Du sagst, du ließest dich von ihm berühren. *Wo* genau hat er dich berührt, mein Kind?»
Das Mädchen ist zu verlegen, um gleich zu antworten.
Father O'Reilly versucht, ihr weiterzuhelfen.
Father O'Reilly: «Hat er deine Brust berührt, mein Kind?»
«Ja, Father.»
Father O'Reilly: «Sag mir, wo hat er seine Hand hingelegt?»
«Zwischen meine Beine», antwortete sie.
«Hat er sie lange dort gelassen? Ich meine – zehn Minuten, fünfundzwanzig Minuten oder eine Stunde?»
«Ich glaube, eher eine Stunde, Father.»
«Und was hast *du* die ganze Zeit getan?»
«Ich wurde sehr erregt, Father. Ich verlor völlig den Kopf, fürchte ich.»
«Was meinst du damit, mein Kind?»
(Man bedenke, dieses «Kind» ist um die achtzehn, gebaut wie ein Rennpferd.)
«Ich meine damit, Father, daß er dann die Hose aufknöpfte, sein Ding herausnahm und es dahin tat, wo er vorher seine Hand gehabt hatte.»
«Hat er es in dich hineingesteckt?»
«Ja, Father, das hat er.»
«Hat es sich gut angefühlt, oder hast du dich sehr über dich geschämt?»
«Es hat sich schrecklich angefühlt, Father. Ich fürchte, ich könnte es ihn wieder tun lassen – das heißt, wenn es keine allzu große Sünde ist.»
«Darüber reden wir später», sagt Father O'Reilly. «Jetzt möchte ich, daß du ein paar Minuten in mein Büro kommst.»
«Wie es weitergeht, kannst du dir vorstellen, Hen. Er schleppt sie in sein Büro, fordert sie auf, ihr Kleid hochzuheben, damit er an ihrer Scheide herumspielen kann, und dann hat er im Nu seinen Schwanz draußen und fickt sie, bis ihr jeder Gedanke an den Herrn Jesus vergangen ist.
So etwas kommt täglich vor. Und das ist noch gar nichts im Vergleich zu dem, was vor ein paar Jahrhunderten vor sich ging. Die Päpste, einige von ihnen waren nicht nur Diebe und Mörder, sie begingen auch Inzest.» Er ging zu

seinem Bücherregal und zog ein Buch über das Leben der Päpste heraus. «Hier, lies das, wenn du mal nichts Besseres zu tun hast.»
Dann, mit einem seltsamen Lächeln, fügt er schnell hinzu: «Was fängst du eigentlich den ganzen Tag mit dir an, wenn ich fragen darf? Erzähl mir bloß nicht, du sitzt den ganzen Tag in der Bibliothek und liest. Ich nehme an, du siehst dich immer noch nach einem Job um. Übrigens, wieviel Kies hast du gerade dabei? Kannst du mir den Dollar zurückgeben, den ich dir letzte Woche geliehen habe?»
Ich zog eine Grimasse und tat so, als hielte ich es für einen Scherz.
Ich stülpte meine leeren Taschen nach außen, um ihm zu zeigen, daß ich die Wahrheit sagte.
«Das will mir einfach nicht in den Kopf», sagte er, «immer total pleite. Sag mal, Hen, wie kommst du eigentlich über die Runden? Schnorrst du bei jedem, dem du begegnest? Hast du überhaupt keinen Stolz? Von Ehrgeiz will ich gar nicht reden. Ich weiß, der läßt sich mit deiner Philosophie nicht vereinbaren.» Das war höhnisch gemeint, weil ich ihm immer von den Philosophen erzählte, die ich las.
«Ich nehme an», fuhr er fort, «dein Fürst Kropotkin hat sich nie mit Geld abgegeben. Und wie ist es mit diesem deutschen Philosophen, der im Irrenhaus landete?»
«Du meinst Nietzsche?» sagte ich.
«Ja, das war der Kerl. Hat er sich nicht für einen zweiten Jesus gehalten?»
Ich tat erstaunt.
«Im Gegenteil», sagte ich, «du vergißt, daß er den *Anti-Christ* geschrieben hat.»
Eine Pause, während der er eine Salbe auf seinen wunden, geschwollenen Schwanz schmiert, dann läßt er sich wie ein Pascha langsam aufs Bett zurücksinken. Vom Bett aus:
«Oh, Hen, bevor ich's vergesse – zieh die oberste Schublade von der Kommode da auf. In einer Schale findest du ein bißchen Kleingeld. Bediene dich! Dann brauchst du mich nachher nicht darum zu bitten.» Und gleich darauf eine nachträgliche Überlegung: «Übrigens, wenn ich dir

nicht ein bißchen Geld angeboten hätte, wie wärst du dann heimgekommen – erzähl mir das doch mal, ja?»
Ich mußte lächeln. «Oh, ich schaffe es immer irgendwie», sagte ich.
«*Du* schaffst es?» erwiderte er. «Du meinst, irgendwer schafft es immer, dich in letzter Minute zu retten.»
«Stimmt», sagte ich. «Aber es läuft auf dasselbe hinaus, findest du nicht?»
«Für dich vielleicht, aber nicht für mich.»
«Warum machst du dir Sorgen um all das?» fragte ich.
«Weil ich nichts Besseres zu tun habe, vermutlich. Hör zu, Hen, du mußt mich nicht ernst nehmen. Ich bin genauso ein Bummler wie du, bloß bin ich ein bißchen schlauer. Ich stecke meine Nase gern in anderer Leute Angelegenheiten. Übrigens, würdest du mir die Titel von den Büchern aufschreiben, von denen du gestern erzählt hast?»
«Wozu?» erwiderte ich. «Du liest sie ja doch nie. Das ist nicht die Art von Büchern, die dich interessiert.»
«Das brauchst du mir nicht zu erzählen», sagte er. «Manchmal frage ich mich, was du daran findest. Dein Dostojewskij da, zum Beispiel. Neulich habe ich mir einen Roman von ihm vorgenommen, wollte ihn lesen. Aber du lieber Gott, der braucht ja zwanzig oder dreißig Seiten, um zu beschreiben, wie jemand sich vorbeugt, um sich einen Zahnstocher zu nehmen. Für Russen mag er großartig sein – nicht für mich. Ich weiß, du schwärmst für ihn. Aber du hast auch nichts Besseres zu tun. Wie dem auch sei, Hen, schreib mir die Titel auf, ja? Wer weiß, vielleicht lese ich sie ja *doch,* bevor ich sterbe.»
Ich kritzelte ein paar Titel mit den Namen der Autoren hin.
«Wie kommst du an solche Bücher?» sagt er. «Zum Beispiel das hier, über Milarepa – spricht man das so aus? Was hat der *mir* zu bieten?»
«Warum liest du es nicht und findest es selbst heraus?» schlug ich vor.
«Weil ich so verflucht faul bin, wahrscheinlich», antwortet er frei heraus.
Als ich mich zum Gehen fertig mache, fällt ihm plötzlich wieder etwas ein.

«Hör zu, Hen, das hätte ich fast vergessen. Weißt du was? Ich glaube, ich bin dabei, mich zu verlieben. Vielleicht bin ich sogar schon verliebt. In ein Mädchen, von dem ich dir noch nie erzählt habe. In eine, die sich von mir nicht anfassen läßt. Eine Lehrerin *und* katholisch. Kannst du das fassen? Ja, jedesmal, wenn ich sie besuche, bringe ich ihr Süßigkeiten oder Blumen mit. Sie findet das fein. In ihren Augen rangiere ich ziemlich unten auf der Wertskala. Sie sagt, ich sei intelligent, aber ich hätte keine Prinzipien. Sie versucht, einen Gentleman aus mir zu machen, kannst du das fassen? Darum muß ich diesen Tripper bald kuriert bekommen. Ich weiß nicht, was sie sagen oder tun würde, wenn sie ihn in diesem Zustand sähe. Deshalb habe ich dich nach den Büchern gefragt. Ich kann die Titel herunterrasseln – das wird ihr Eindruck machen. Sie sagt, sie liest viel, aber ich glaube nicht, daß es hohe Literatur ist. Sie geht gern in die Oper und ins Ballett. Das Kino ist ihr zu ordinär. Versteht nicht viel von Kunst. Ich glaube nicht, daß sie einen Gauguin von einem van Gogh unterscheiden kann. Sie möchte, daß ich Klavierstunden nehme. Ich habe ihr von dir erzählt. Sie wirkte beeindruckt. Natürlich habe ich ihr nicht erzählt, was für ein unzuverlässiger, verantwortungsloser Hund du bist.»
Ich versuchte, ihren Namen herauszubekommen, aber den wollte er mir nicht nennen. «Sie würde dir nicht gefallen, glaube ich», sagte er. «Zu verflucht fein, zu konventionell. Ihr würde allerdings dein Intellekt gefallen. Und deine gewandte Art zu reden. Übrigens, wie geht es mit der Witwe? Immer noch in sie verliebt? Paß auf, sonst hat sie dich über kurz oder lang so weit, daß du sie heiratest.»
«Sie hat's schon versucht», sagte ich. Und ich berichtete, wie ich meiner Mutter eines Tages, als wir in der Küche saßen, erzählt hatte, ich würde die Witwe heiraten. Kaum hatte ich es ausgesprochen, da geht meine Mutter mit einem Tranchiermesser in der Hand auf mich los.
«Noch ein Wort davon», rief sie, «und ich bohre dir das hier durchs Herz.» Nach ihrem Gesichtsausdruck hätte ich es ihr zugetraut.
«Deine Leute sind fast so schlimm wie meine», sagt Alec.

«Du solltest manchmal meine alte Dame hören. Sie kommt mir vor, als wäre sie übergeschnappt, Jesus im Himmel. Und der Alte ist noch schlimmer. Was für moralisierende Ungeheuer – von der Grünen Insel, ausgerechnet.»
An dieser Stelle hielt ich es für angemessen, daß er mir noch einen Griff in seine Schatztruhe gestattete.
«Wieviel hast du dir das erste Mal genommen?» wollte er wissen.
«Etwa sechzig Cent», sagte ich ihm.
«Okay. Dann nimm noch fünfunddreißig Cent, von mir aus, aber nicht mehr. Ich muß arbeiten für mein Geld», fügte er hinzu.
Ich nickte, nahm aber gleichwohl fünfzig Cent. Es machte mir nichts aus, ihn zu beschwindeln und zu beklauen. Es war eine Entschädigung für all die Predigten, die er mir hielt. Wenn er in guter Stimmung war, lieh er mir bis zu fünf Dollar, aber ich mußte sie ihm einzeln aus der Nase ziehen. An manchen Tagen hatte er fünfzig oder hundert Dollar bei sich. Er wettete häufig auf Pferde und gewann.
Als ich abziehe, schreit er mir nach: «Hen, wie war doch der Titel von dem Dostojewskij-Roman, den du neulich erwähnt hast? Ich möchte dem Mädchen davon erzählen.»
Der Idiot, brüllte ich zurück.
«Danke, Hen. Damit probiere ich es erst mal bei ihr. Was für ein Titel! Handelt er wirklich von einem Idioten?»
«Ja, Alec, aber von einem höchst ungewöhnlichen. Er wird dein Mädchen in Trance versetzen.»
Es war immer schwierig, von ihm fortzukommen oder ihn wieder loszuwerden, wenn er mich besuchte. Manchmal, wenn ich zum Beispiel gerade ein interessantes Buch las, reagierte ich nicht auf das Klopfen an der Tür. War es Alec, wußte ich es bald, denn er haßte es, wenn man ihn im Flur stehen ließ.
«Hen, ich bin's – Alec!» rief er dann und klopfte lauter.
Und ich wurde mausestill und wagte kaum zu atmen. Nach einiger Zeit gab er schließlich auf und ging die Treppe hinunter. Aber manchmal versuchte er auch, mich zu überlisten. (Er wußte immer, daß ich drinnen war.) Er stieg die Stufen lautlos hinab, in der Erwartung, ich würde glauben,

er sei gegangen und vielleicht die Tür aufmachen, um nachzusehen. Manchmal trieben wir dieses Spiel eine Stunde lang oder noch länger. Immer mußte er mich dringend sprechen. So jedenfalls erschien es ihm. Für mich war nichts dringend, nichts wichtig, besonders nicht, wenn ich ein gutes Buch las. Damals konnte ich stundenlang ununterbrochen lesen. Später, als ich ernsthaft zu schreiben begann, dachte ich nicht mehr im Traum daran, am hellichten Tag meine Zeit mit Lesen zu vergeuden. Fast betrachtete ich das Lesen als Sünde. Ein merkwürdiger Wechsel der Auffassung. Aber als ich Schriftsteller wurde, machte ich in meinen Anschauungen viele Wandlungen durch. In jedem Falle war Lesen für mich jetzt ein Luxus geworden. Ich erlaubte mir diesen Luxus nur bei einigen wenigen ausgesuchten Schriftstellern, nämlich Dostojewskij, Oswald Spengler, Elie Faure, Sherwood Anderson, Rimbaud, Giono und bei ähnlichen Autoren. Nie las ich einen populären Roman. Ich las auch keine Zeitungen damals. Mir fehlte jedes Interesse für die Nachrichten in den Zeitungen. Falls es Krieg oder Revolution gab, sagte ich immer, würde ich früh genug davon erfahren. Alles übrige bedeutete mir nichts. Damals gab es kein Fernsehen und auch kein Radio. Ich mochte das Radio nicht, als es dann kam. Das Radio war etwas für Schwachköpfe und Einfaltspinsel, sagte ich mir. Oder für Hausfrauen, die nichts Besseres zu tun hatten.
Also las ich sehr viel. Mein Freund Alec saugte alles, was ich las, wie ein Schwamm auf. Er bezeichnete meine Lieblingsschriftsteller immer als «absonderliche Vögel», womit er freilich nicht «homosexuell» meinte, sondern exzentrisch, leicht übergeschnappt oder ausgesprochen verrückt. Seiner Meinung nach war es ganz in Ordnung, wenn ein Schriftsteller verrückt war. Ein Künstler mußte ein bißchen spinnen, um in einer Welt wie der unseren überleben zu können. Solche Ansichten brachten ihn dazu, daß er, wenn er in Stimmung war, zu mir sagte: «Weißt du, Hen, ich glaube, du hast es in dir. Jedenfalls bist du verrückt genug, um als Künstler passieren zu können. *Das einzige, was dir fehlt, ist Talent.*» Ich erinnere mich nicht, daß von den Sachen, die ich geschrieben hatte und ihm zeigte, je irgend et-

was seine Billigung fand. «Zunächst einmal», pflegte er zu sagen, «gebrauchst du zu viele große Worte, du weißt das.» Das tat ich wirklich. Ich wußte, daß er nach und nach das gesamte ungekürzte Wörterbuch las, das damals etwa eine halbe Million Wörter enthielt. Und wie las er diesen dicken Wälzer? Indem er jeden Tag eine neue Seite herausriß und in seine Manteltasche steckte. In der Untergrundbahn, im Bus oder wenn er darauf wartete, mit jemandem in seinem Büro zu sprechen, zog er die Seite heraus und studierte sie. Er merkte sich nicht nur die Definition der Wörter, sondern auch die Aussprache und Etymologie. So korrigierte er mich manchmal, wenn ich ein Wort falsch gebrauchte oder falsch aussprach.
Apotheose war ein solches Wort. Ich sprach es Apotheose aus. Richtig hieß es Apotheose. Er stellte mir gern gelegentlich Fallen. Manchmal rief er mich zu einer unmenschlichen Zeit an, um mich zu fragen, ob mir dieses oder jenes Wort ein Begriff sei.
Aber ihn störte nicht nur, daß ich große Worte gebrauchte – er fand meine Erzählungen trocken und langweilig. Ich sollte Maupassant lesen, behauptete er, oder Somerset Maugham. Die verstünden ihr Handwerk! Er hatte recht, sie waren wirklich gute Handwerker, doch ich maß dem «Handwerklichen» nicht viel Bedeutung bei. Meine Lieblingsschriftsteller waren weit über bloßes Handwerk hinaus gelangt. Sie schrieben aus dem Bauch heraus, oder vielleicht aus einem noch seltsameren Teil des Körpers. Es kümmerte sie nicht, ob sie auch von jedem verstanden wurden. Sie wendeten sich an die Elite, an ihresgleichen. Und merkwürdigerweise erreichten sie damit nicht nur ihresgleichen, sondern auch Sonderlinge wie mich oder Simpel, die nicht viel lasen. In Wirklichkeit schrieben sie natürlich zu ihrem eigenen Vergnügen. Sie hatten keine bestimmten Bedingungen zu erfüllen. Sie hatten keinen Vorgesetzten und kein regelmäßiges Einkommen. Die meisten wurden fünfzig Jahre zu spät erkannt.
Alec verstand nicht, wie jemand derartige Verzögerungen in Kauf nehmen konnte. Er wollte Ergebnisse sehen – und zwar schnell. Ein Genie wie van Gogh, der während seines

ganzen Lebens nie auch nur ein einziges Bild verkaufte, war nach Alecs Meinung nicht nur ein Genie, sondern auch ein Narr. Nach Alecs Ansicht hätte er Schilder malen oder Häuser anstreichen können, statt seinen Bruder zu schröpfen.
Trotzdem war er äußerst neugierig auf solche Männer. Er schwärmte von Maughams Buch über Gauguin – *The Moon and Six Pence*. Ihm gefiel sogar die Vorstellung, daß Gauguin einen bequemen Posten bei einer Bank und eine gutaussehende Frau im Stich gelassen hatte, um nach Tahiti zu gehen und zu malen.
«Das passiert dir vielleicht auch eines Tages», sagte er. «Ich sehe schon vor mir, wie du dein Bündel nimmst und zum Himalaja gehst.» Was ich an Asien und Asiatischem so faszinierend fand, war für ihn schwer zu verstehen.
Ich wies darauf hin, daß unser Lafcadio Hearn aus New Orleans, dessen Geschichten ihm erklärtermaßen gefielen, Amerika verlassen hatte und nach Japan gegangen war, wo er eine Japanerin heiratete und den größten Teil seines Werks schrieb. «Ja, Hen», sagte er, «aber denke daran, daß Hearn selber halb Grieche, halb Ire war. Er war kein typischer hundertprozentiger Amerikaner.»
Ich sah nicht recht, was das an der Sache änderte. Ich sprach von Marco Polo und ähnlichen Abenteurern. Es machte ihm keinen Eindruck.
«Du bist in Spinner und Exzentriker vernarrt», sagte er.
Bei aller Kritik, mit der er mich überhäufte, hatte er doch eine starke Zuneigung zu mir. Ich glaube, insgeheim bedauerte er es, daß er selber so «normal» und «konventionell» war. Obwohl kaum jemand, der ihn kannte, diese Adjektive auf ihn angewandt hätte.
Sicherlich war an der Art, wie er sich kleidete, nichts ungewöhnlich. Allenfalls war er ungewöhnlich schlampig und schmutzig. (Er pflegte an dem Spiegel über dem Ausgußbecken Zettel anzubringen, auf denen er sich ermahnte, *den ganzen Körper* zu waschen, nicht nur Gesicht und Hände.)
Hin und wieder bat er mich, nahe an ihn heran zu kommen und an ihm zu schnüffeln. «Sag mal ehrlich», sagte er dann, «rieche ich schlecht? Ich bin so verflucht faul, daß es mir

schon lästig ist, mir den Arsch abzuwischen. Wirklich.»
Um die Wahrheit zu sagen, er roch tatsächlich manchmal schlecht. Vor allem roch er immer schlecht aus dem Mund. Das kam vom Trinken und Rauchen, und weil er vergaß, sich die Zähne zu putzen. «Schau sie dir an», äußerte er manchmal, «sind sie nicht widerlich? Sehen mehr wie Fänge aus als wie Zähne, nicht?» Wie man sieht, schämte er sich nicht im geringsten, seine Schwächen und Mängel zuzugeben. Es bereitete ihm sogar Vergnügen, sie herauszuposaunen – zumindest vor mir. In seiner Vorstellung war ein Freund jemand, dem man alles über sich sagen konnte. Wenn es Inzest war, um so ergötzlicher.
Er konnte riechen wie ein Pferd samt Stall! Oft ging er mit den Schuhen ins Bett. Oder er stand auf und polierte seine Schuhe mit dem Bettuch. Da er wie ein Schwein lebte und sich wie ein Landstreicher benahm, klang es seltsam aus seinem Munde, wenn er seiner Schwester Ratschläge erteilte, wie sie sich Männern gegenüber verhalten sollte. Sie dürfe *keinem* trauen – guter Rat! –, nicht einmal denen, die anständige Manieren hätten. Und vor allem nicht den gewandten Rednern. (Er hatte allen Grund, sie vor diesem Typ zu warnen, denn er war einer der gewandtesten Redner, die man sich vorstellen kann.)
Die Wahrheit ist, glaube ich, daß wir beide der Typ des Bekenners waren. Und doch habe ich bis zum heutigen Tag nicht Jean-Jacques Rousseaus *Confessions* gelesen. Die meisten der großen Lebensbekenntnisse habe ich gelesen, so zum Beispiel das des heiligen Augustinus. Und das jener berühmten jungen Frau – Maria Baschkirzew – und das Tagebuch von Amiel (*Le Journal Intime*). Das einzige große Bekenntnis (in dreizehn Bänden), das jedermann gelesen zu haben scheint, habe ich, als ich den ersten Band halb durch hatte, beiseite gelegt. Ich meine den großen Don Juan – Casanova – und seine *Memoiren*. Das war die Sorte von Büchern, über die Alec mich so gern sprechen hörte, die zu lesen er aber, wie er sagte, nicht die Zeit fand.
Er fand natürlich die Zeit, um die *Memoiren der Fanny Hill* zu lesen. Doch was für ein welkes Veilchen von einem Buch im Vergleich zu *Mein geheimes Leben*, verfaßt von einem

anonymen Gentleman der Viktorianischen Ära. Ich glaube, ich vermittelte Alec meine Leidenschaft für die Werke Knut Hamsuns, und zu meiner Überraschung las er zwei oder drei Bücher von ihm. Hier gab er einmal zu, daß ich einen guten Geschmack hatte. Aber es ist mir auch selten im Leben jemand begegnet, der meine Liebe zu Hamsun nicht teilte. Joseph Delteil schreibt irgendwo, jeder, der seine Mutter nicht liebe, sei ein Ungeheuer. Ich würde dasselbe sagen, nur würde ich Mutter durch Knut Hamsun ersetzen. Es gab noch ein paar andere gute Autoren, außer denen, die ich ihm empfohlen hatte, die Alec verehrte. Merkwürdigerweise waren darunter die beiden Lieblingsschriftsteller von Stasiu – Joseph Conrad und Anatole France. Er bewunderte auch Jack London und Maxim Gorki, den Russen. Sie hatten viel gemeinsam, das steht fest. Beide wurden in über fünfzig Sprachen übersetzt, unter anderm ins Chinesische und Japanische. Beide erhielten ihre Ausbildung an der *«Universität des Lebens»*, wie der Titel eines Films über Gorkis Leben lautet. Ich glaube, daß beide gierige Leser waren, obwohl keiner von ihnen viel Schulbildung mitbekommen hatte. Beide sprachen ein breites Publikum an; beide waren Männer des Herzens und schrieben aus dem Herzen *und* aus dem Bauch heraus. Bei solchen Männern spielt es keine große Rolle, in welcher Sprache sie zufällig schrieben – sie werden überall von jedem verstanden.
Vor Alec konnte man nichts verborgen halten. Er war neugierig, inquisitorisch und geschwätzig. Er genoß das Unheil, das andere Leute befiel.
Wenn er sich auch «fast» in seine Lehrerin verliebt hatte, stand er doch nach wie vor in intimer Beziehung zu einer Blondine namens Lila und ihrer älteren Schwester. Offenbar ging er mit ihnen beiden ins Bett. Wenn die eine der Schwestern eingeschlafen war, dann machte er sich leise über die andere her. Wie man sich vorstellen kann, war es eine sehr heikle Situation. Zumal da es als ausgemacht galt, daß er Lila, die jüngere, heiraten würde – das heißt, wenn er es sich einmal leisten konnte zu heiraten. Er schaffte es immer, sich ein Schlupfloch offen zu lassen. In einem seiner Anfälle von Offenheit erzählte er mir eines Tages, daß er

die ältere Schwester lieber fickte – nicht weil sie mehr Erfahrung besaß, sondern weil sie neurotischer war. Sie bewegte sich tatsächlich ständig am Rande der Hysterie. Das gab dem Spiel mehr Reiz, versicherte er. Aber er mußte sehr vorsichtig sein, wenn er sie fickte, während ihre Schwester bei ihnen im Bett lag. Wenn sie außer sich geriet, konnte sie wie ein Hund jaulen oder beißen oder kneifen.
Aber Alec liebte diese gefährlichen Situationen. Wenn er erwischt wurde, fand er immer einen Weg, sich aus der Affäre zu ziehen. Er war nicht nur ein erstklassiger Lügner, er war auch ein guter Schauspieler. Ich konnte ihn mir sehr gut als Verteidiger vor Gericht vorstellen. Kriminelle schienen ihn zu faszinieren. Dostojewskijs *Schuld und Sühne* jedoch ließ ihn kalt. Sentimental nannte er es. Er wollte mir weismachen, daß es nicht *Schuld und Sühne* heiße, sondern *Die* Schuld und *die* Sühne. Worauf ich ihm erklärte, er sei ein lebendes Beispiel für «die Schuld» und «die Sühne». Er sei die Schuld und die Sühne in einer Person. Statt der Prostituierten – Sonia hieß sie, nicht wahr? – habe er seine Lehrerin als Freundin. Er fand das gar nicht komisch.
Wenn ich bei seinen Schwächen verweile, dann deshalb, weil ich genau wie im Fall von Max Winthrop einfach nicht begreifen kann, wie man einem Menschen sehenden Auges so vieles durchgehen läßt.
Meine Eltern mochten Alec Considine, weil er «ernsthaft» (sic) und ehrgeizig sei. Sie wußten oder ahnten nichts von seinen Frauengeschichten, seinen Trippern, seinen Spielgewohnheiten, seiner ständigen Verdrecktheit und so weiter. Aber Eltern können anderer Leute Kinder nicht gut beurteilen. Ihre eigenen übrigens auch nicht. «Macht uns bloß keinen Ärger» – das ist ihnen immer die Hauptsorge.
Alecs Mutter wirkte wie eine dieser gestrengen Frauen aus Neuschottland, sagte ich. Aus irgendeinem seltsamen Grund hat Gott in diesem winzigen Weltwinkel so unsympathische Frauen geschaffen wie kaum irgendwo sonst. Natürlich war Mrs. Considine Irin, aber was spielt das für eine Rolle? Sie hatte diese frostige Kühle an sich, dieses überkorrekte Benehmen, diesen unbarmherzigen Blick in den Augen. Sie ließ an niemandem etwas Gutes, einerlei ob es

sich um Freund oder Feind handelte. Sie haßte sich selber –
und zwar ohne besonderen Anlaß. Sie bestand nur aus
Gift und Gehässigkeit. Und ihr schlimmstes Kreuz war,
versteht sich, ihr Sohn. Wenn die Dinge untragbar wurden,
rief sie *meine* Mutter an und erörterte mit ihr die Lage.
Glücklicherweise war meine Mutter immer erpicht darauf, Mrs. Considine abzuschütteln. Sie sagte, man könne sie
mit ihrem starken irischen Akzent unmöglich verstehen.
Außerdem war meine Mutter nicht der mitleidige Typ. Sie
habe ihre eigenen Sorgen, pflegte sie zu sagen. (Und ich
war eine davon.)
Obwohl er so tat, dieser Alec, als passe er auf mich auf,
paßte in Wirklichkeit ich auf ihn auf. Nur mit dem Unterschied, daß ich an der Aufgabe kein Gefallen fand. Tagtäglich mußte er mich sehen, aus diesem oder jenem Grund.
Wenn ich zu Hause war (am Abend), telephonierte er und
sagte mir, wo ich ihn treffen solle. Ich haßte das Telephon
– sogar damals schon –, aber das war ihm egal. Zu den
komischen Sachen, auf die er sich einließ, gehörte, daß er
Klavierspielen lernte. Ich sage komisch, weil er kein Gehör
besaß, nicht die geringste musikalische Begabung. Ein- oder
zweimal nahm ich ihn in eine Wagner-Oper mit, aber er
schlief mittendrin ein. Er konnte keinen Komponisten vom
andern unterscheiden, Brahms hatte er niemals gehört, auch
Schumann nicht, noch Ravel oder Debussy. Ihm gefielen
nur «leichte Sachen», sagte er. Genauso war es mit Malerei. Er hatte kein Auge für Malerei. Nur Literatur interessierte ihn – und das Theater. Etwa um diese Zeit war David
Belasco der neueste Schrei – mitsamt seiner Geliebten, die
er berühmt gemacht hatte (Leonore Ulric). Das amerikanische Theater stand damals an einem Tiefpunkt – es gewann erst in den zwanziger und dreißiger Jahren allmählich an Bedeutung. Das jüdische Theater war viel besser
als das amerikanische. Die Theatre Guild brachte einige
herrliche Stücke, etwa von Tschechow und Tolstoi, aber
auch von Andrejew und Gorki. Ich glaube, in dieser Zeit
sah ich *Der Dybuk*, gespielt von der Habimah-Truppe.
Ich sah das Stück zuerst in Hebräisch, dann in Jiddisch
und schließlich in Englisch. Unvergeßlich. Exorzismus.

Aber ganz anders als die Sache, die jetzt solches Aufsehen erregt. Um den Exkurs abzuschließen, wie Frank Harris, einer meiner Lieblingsschriftsteller sagt – eines Tages kam David Belasco in das Geschäft meines Vaters. Ich erinnere mich deutlich, daß er seinen weißen Kragen hinten geknöpft trug, wie ein Geistlicher oder Priester. Ich war natürlich beeindruckt. Er war einer der ganz wenigen großen Persönlichkeiten, die ich bis dahin kennengelernt hatte.
Um auf Alec zurückzukommen... Ja, er glaubte, er könne mir etwas beibringen, mich «aufklären», wie er sich ausdrückte, mit anderen Worten, mich Weltklugheit lehren. Für mich war das natürlich ein großer Witz. Ich mochte nie irgend jemanden, mit dem er umging, weder die Männer noch die Frauen. Ich spielte nie, ich trank nicht. Und ich war kein guter Geschichtenerzähler. Kurzum, ich war ein langweiliger Begleiter, was ihm dann später am Abend, wenn wir heimfuhren, zu langen Ausführungen darüber Anlaß gab, was für ein sonderbarer Bursche ich doch sei. Ein Snob, fand er. Wählerisch. Der keine «normalen» Leute tolerieren konnte. (Meiner Ansicht nach gehörten seine «normalen» Leute in den Zoo.) Ich sei unglücklich, meinte er, wenn ich nicht von Nietzsche, Dostojewskij, André Gide und solchen Leuten schwärmen könne.
Manchmal, wenn er vor einem Mädchen, einem neuen, angeben wollte, erwähnte er einen ausgefallenen Autor oder den Titel eines seiner Bücher. Er gab natürlich vor, auch den Autor zu kennen. Einer der Titel, die er gern aufsagte, lautete *Postprandial Conversations*. (Was nicht mehr bedeutet als «Unterhaltungen nach Tisch».) Dem Mädchen machte das ungeläufige Wort natürlich Eindruck, und es rief: «Worum geht es denn da, um Himmels willen?» Dann setzte Alec mir zu, ich solle etwas über das Buch erzählen. Gewöhnlich saugte ich mir irgend etwas aus den Fingern – es fiel nicht auf, da keiner von beiden das Buch gelesen hatte. Was mich daran erinnert, daß ich zwar nicht das war, was man einen guten Geschichtenerzähler nennt, daß ich aber gelegentlich und besonders vor unaufgeklärten Leuten Sachen erfinden konnte, die weit besser, weit spannender waren als bloßes Geschichtenerzählen. Manch-

mal wagte ich sogar den einen oder anderen telepathischen Trick, womit ich meine Zuhörer unfehlbar verblüffte. Später fragte mich Alec dann ganz im Ernst, ob an dem Garn, das ich am Tisch gesponnen hatte, etwas Wahres dran sei. Er glaubte an meine Fähigkeit, in Menschen zu lesen. Immer, wenn er sich über jemanden im Zweifel war, lud er mich ein, mit ihm zu kommen und mir den Betreffenden anzuschauen. Meinen Rat nahm er allerdings niemals an. Er selber steckte voller Geschichten und Witze der verschiedensten Art. Meistens fing er ein Gespräch so an: «Hör zu, Hen, den habe ich gestern gehört. Da mußt du aber zuhören...»
Max Winthrop war gleich gut im Erzählen von Geschichten und besonders von Witzen. Er besaß einen besseren Sinn für Humor als Alec. Wir saßen oft im Hinterraum einer Kneipe herum, tranken nichts Stärkeres als Bier und konnten stundenlang dasitzen und uns gegenseitig amüsieren. Hin und wieder pißte einer von uns sich vor lauter Lachen in die Hose.
Wie gesagt, ich bekam Bildung vermittelt und wurde «aufgeklärt», wie er es ausdrückte. Ich lernte viele Dinge, die ich niemals anwendete, und kaum irgend etwas, was für mich von Wert war. Mit einer Ausnahme: *Menschen*. Mein Leben lang hatte ich diese Gabe, Menschen kennenzulernen, sie zu studieren, zu ihnen zu gehören. Es spielte kaum eine Rolle, aus welcher Schicht sie stammten, was für eine Schulbildung sie genossen hatten und so weiter. Im wesentlichen sind alle gleich. Und doch ist jeder einzigartig. Seltsames Paradox. Jeder ist zu gewinnen – und zu erlösen. Die im Gefängnis sind oft besser als diejenigen, die sie hineingebracht haben. Diebe und Zuhälter sind weitaus interessanter als Prediger und Lehrer – oder als die meisten Psychologen. Niemanden sollte man ganz verachten. Manche sollte man vielleicht ermorden, kaltblütig. Doch nicht alle Mörder sind Mörder im Herzen. Ich habe mich oft gefragt, wie viele Menschen mir in meinem langen Leben wohl begegnet sind. Ich weiß mit Sicherheit, daß ich in den viereinhalb Jahren, die ich bei der Western Union verbrachte, mit gut hunderttausend zusammengekommen

bin und gesprochen habe. Und doch betrachte ich mich als Einzelgänger. Es macht mir nichts aus, allein zu sein. Wie ich irgendwo anders einmal gesagt habe: «Im schlimmsten Fall bin ich allein mit Gott!»
Das war etwas, was Alec nicht aushalten konnte. Allein zu sein. Es war ihm gleichgültig, wen er fand – er brauchte Gesellschaft. Ich muß gestehen, meine Freiheit, allein zu sein, entwickelte sich zum größten Teil erst, nachdem ich Schriftsteller geworden war. Vorher war auch ich ständig auf der Suche nach jemandem. Man sollte annehmen, daß es umgekehrt sei, daß einem, wenn man berühmt geworden ist, die Welt zu Füßen liegt. Das passierte mir auch, aber ich lernte schnell, diese Scharwenzler und Speichellecker loszuwerden. Nein, das allermeiste in meinen Büchern – Menschen, Orte, Ereignisse – geschah, *bevor* ich zu schreiben begann. Heute genieße ich es, mich in einer Menge zu bewegen und unerkannt zu bleiben. Oder vielleicht von irgendeiner ganz unbedeutenden Person erkannt zu werden – einer Kellnerin, einem Zimmermädchen oder so jemandem. Oder, wie in Frankreich, von einem Metzger oder einer Bäckersfrau erkannt und gebeten zu werden, einen Augenblick zu warten, bis er oder sie einen Stoß meiner Bücher anschleppt und mich bescheiden bittet, sie zu signieren. Das passiert mir nur in fremden Ländern. Hierzulande sind die Leute in solchen Berufen meist Analphabeten oder zumindest *inculte*, wie die Franzosen sagen.
Wie schon erwähnt, in Alecs Augen war ich noch kein Schriftsteller und würde wahrscheinlich auch nie einer werden. Wie Stanley schien er mich gern als Versager zu betrachten. «Ich weiß nicht, was ich an dir finde, daß ich deine Gesellschaft suche», sagte er mir etwa ins Gesicht. «Vielleicht, weil du gut zuhören kannst.»
Jeder, der uns gut kannte, konnte im Handumdrehen erkennen, was uns zueinander hinzog. Gerade der Unterschied zwischen uns wirkte als Anziehung. Dies und der Umstand, daß er Komplikationen liebte. Er verehrte auch dieselben Schauspielerinnen wie ich – Elsie Ferguson, Maria Doro, Nazimova, Elsie Janis, Olga Petrova und so weiter.

Nach einem intensiven, ausgedehnten Gespräch über die Verdienste von Dostojewskij, Tolstoi, Tschechow, Andrejew im Vergleich zueinander zogen wir etwa zu einem Billardsaal und spielten dort für den Rest des Abends. Um Mitternacht gingen wir dann oft zurück in sein Zimmer und redeten oder stritten über die Verdienste anderer Schriftsteller. Wir wurden nie müde, uns zu unterhalten, zu streiten, miteinander zu diskutieren.
Wir schienen jedes intime Detail im Leben des andern zu kennen. Mit Vergnügen erzählten wir einander von den Schwächen und Fehlern unserer Eltern. Was mich wieder auf Max Winthrop und die Hinterräume von Kneipen zurückbringt. Speziell auf den köstlichen Satz, den er eines Abends von sich gab. Über seine Mutter – daß die Sonne in ihrem Arsch auf- und untergehe. Als er das sagte, sahen Alec und ich uns mit der gleichen ungläubigen, verdutzten Miene an. Aber wir sagten nichts. Bald danach gingen wir. Erst ein paar Abende später kam Alec auf das Thema zurück.
«Ich hätte nicht gedacht, daß es so schlimm mit ihm ist», sagte er versuchsweise. «Was für ein sentimentaler Quatsch!» Ich pflichtete ihm bei – ich hatte nie etwas Schlimmeres gehört.
Auf einmal sagte ich: «Aber Alec, vielleicht denkt sie genauso über Max, daß er ihre ganze Welt ist.»
«Dann sind sie beide blöde Idioten», sagte Alec. «Wenn sie das über Jesus oder Buddha gesagt hätten, oder es so empfinden würden, könnte ich es noch verstehen – aber einer über den anderen... Nein, das ist zu viel. Weißt du, Hen, manchmal denke ich, Max ist nicht sehr intelligent. Er weiß, wie man gute Noten kriegt, Prüfungen besteht und solche Sachen, aber wenn es darum geht, die Welt zu betrachten, ist er wie ein Säugling. Ist dir das schon mal aufgefallen?»
Eines Tages, im Verlauf unseres Gesprächs, eines dieser druckreifen Gespräche, sagt er zu mir: «Weißt du, Hen, in Wirklichkeit bin ich gar kein so übler Kerl, wie die Leute gern glauben möchten. Es stimmt, ich bin schon ein geiler Kerl, ich trinke zuviel und so, aber ich habe ein gutes

Herz. Ich nutze die Leute nicht aus. Aber du, du Hund, du hast irgend etwas Böses in dir. Ich führe mich vielleicht auf wie eine Romangestalt, aber ich spiele nur; du dagegen bist eine Gestalt aus einem Buch – aus einem Buch natürlich, das erst noch geschrieben werden muß. Mir macht es Spaß, die Leute so weit zu bringen, daß sie mich nicht mögen. Aber du, du scherst dich, scheint es, überhaupt nicht darum, ob du gemocht wirst oder nicht. Du führst dich auf, als wärst du ein höheres Wesen. Woher hast du diese Art, frage ich mich? Was bringt dich auf solche Ideen? Wahrscheinlich die Bücher, die du liest. Du liest Bücher nicht so, wie andere Leute das tun – du lebst sie! An einem Tag bist du Glahn der Jäger, am nächsten Aljoscha und wieder an einem andern Martin Eden. Der einzige Unterschied zwischen dir und diesen Buchgestalten besteht darin, daß du deine Augen weit offen hast. Du weißt, was du tust und wohin du willst. Du kannst dich mit hochfliegenden Ideen vollpumpen lassen, aber du schreckst nicht davor zurück, einem blinden Zeitungsverkäufer zehn Cent zu stehlen.
Nie kritisierst du mich oder hältst mir Predigten, aber du bringst es fertig, daß ich mir wie ein Wurm vorkomme. Manchmal frage ich mich, warum du dich eigentlich mit jemandem wie mir überhaupt abgibst. Es scheint dir nicht sehr wichtig zu sein, mit was für Leuten du umgehst. Dir ist nur wichtig, daß sie dir ein bißchen Kleingeld oder eine dicke Zigarre geben können. Ich kann mir ausmalen, wie famos du mit einem Mörder auskämest, wenn er dich nur gut versorgte. Du scheinst zu glauben, daß die Welt dir deinen Lebensunterhalt schuldig ist. Du möchtest, daß alles nach deinen Spielregeln geht, stimmt's? Die Vorstellung, du solltest für deinen Lebensunterhalt arbeiten, hat dir noch nie zugesagt – nicht weil du faul bist, sondern weil du dich besser dünkst als andere. Du hast etwas Perverses an dir. Du bist nicht nur gegen die Gesellschaft, du bist auch gegen die menschliche Natur. Du bist nicht nur Atheist – schon die Vorstellung von einem Gott kommt dir absurd vor. Du begehst keine Verbrechen, aber im Herzen bist du ein Krimineller. Du redest über brüderliche Liebe, aber du gibst einen Scheißdreck auf deinen Nächsten. Und was

es heißt, ein Freund zu sein – du weißt nicht einmal, was das Wort bedeutet. Für dich ist ein Freund jemand, der dir aus der Patsche hilft. Wenn er nicht hat, was du brauchst, zum Teufel mit ihm. Du bist hundertprozenzig selbstsüchtig, hundertprozentig egoistisch.
Sieh dich bloß an! Da sitzt du und hörst dir mit lächelndem Gesicht meine Tirade an. Nichts, was ich sage, macht dir auch nur das geringste aus. Du bist kein Utopist, du bist ein Solipsist.»
«Okay, Alec, dann bin ich also ein Solipsist. Aber warum das Ganze? Ich habe dich heute noch um keinen Cent gebeten, oder?»
«Nein, aber du tust es noch, wie ich dich kenne. Du würdest dir sogar ein Paar schmutzige Socken leihen, wenn dir danach wäre.»
«Ich würde mir vielleicht ein sauberes Taschentuch von dir leihen, aber niemals ein Paar schmutzige Socken.»
Plötzlich sagt er mit einem schiefen Lächeln: «Du würdest auch einen Cent nehmen, wenn ich ihn dir anbieten würde, nicht wahr?»
Ich erwiderte lächelnd, daß ich das allerdings tun würde.
«Wie kommt es, daß du gar nicht mehr um große Summen bittest? Du bist so bescheiden geworden – fünfundzwanzig Cent reichen dir, sogar zehn.»
«Ich habe eben Demut gelernt», sagte ich ironisch.
«Du meinst, besser wenig als nichts, was?»
«So kann man es auch ausdrücken», sagte ich. «Übrigens, stiehlst du nie aus dem Portemonnaie deiner Mutter?» fügte ich noch hinzu.
«Wenn ich wüßte, wo sie es aufbewahrt, täte ich es», erwiderte er. «Warum fragst du? Tust du es?»
Ich nickte. «Nur kleine Beträge», sagte ich, «zehn Cent, vielleicht auch fünfundzwanzig, nie einen halben Dollar.»
«Und das merkt sie nicht?»
«Ich denke nicht. Aber vielleicht kann sie auch bloß nicht glauben, daß ich mich so tief erniedrigen würde.»
«Für einen Engel hält sie dich nicht, was?»
«Kaum. Sag mal, was genau hält eigentlich deine Mutter von *dir*?»

«Ich mach es kurz für dich, Hen – *das Schlechteste*!»
«Das ist erfrischend», sagte ich. «Es lebt sich gut ohne Illusionen.»
«Illusionen!» wiederholte er. «Das ist genau das richtige Wort.» Er war in diesem Moment offenbar schrecklich zufrieden mit sich.
«Ich nehme an, du denkst, daß *ich* mit Illusionen lebe, was?»
«N-nein, Hen», erwiderte er feierlich. «Das will ich nicht sagen. Ich will sagen, daß du in einer unwirklichen Welt lebst. Und zwar sehr behaglich. Vielleicht ist es das, was mich ärgert – daß du überhaupt nicht leidest. Du hast keine Gewissensbisse, keine Reue, kein Schuldgefühl. Du hast kein Gewissen, verflucht. Du benimmst dich wie ein unschuldiges Kindlein. Das ist noch so etwas, was ich nicht vertragen kann – diese Unschuld von dir. Oder tust du nur so?»
«Ich sehe schon, eine große Hilfe bist du mir heute nicht», sagte ich. «Aber das habe ich auch gar nicht erwartet. Ich bin gekommen, um *dir* Geld zu geben – um zurückzuzahlen, was ich dir schulde.»
Er begann, dröhnend zu lachen. «Und woher weißt du, wieviel du mir schuldest?» fragte er höhnisch.
«Weil ich in diesem kleinen Heft hier Buch darüber geführt habe.» Ich schlug das Heft auf, sah mir die Seiten aufmerksam an und sagte: «Genau $ 52,75 – soviel schulde ich dir.»
«Und das zahlst du mir zurück – jetzt, heute?
«Natürlich. Warum? Hättest du es lieber an einem anderen Tag?»
Er schüttelte den Kopf. «Erzähl mir bloß nicht, du hast eine *Erbschaft* gemacht.»
«Nein, Alec. Ich habe es auf der Straße gefunden. Es war in einer Brieftasche. Ich bin fast darüber gestolpert. Ich habe sie natürlich durchsucht, um herauszubekommen, wem sie wohl gehört hat. Und ob du es glaubst oder nicht, ich war schon drauf und dran, sie dem Besitzer zurückzugeben. Aber dann bin ich auf seine Empfehlungskarte gestoßen, mit einer guten Adresse darauf, und habe beschlossen, das

Geld zu behalten. Ich brauche es bestimmt nötiger als er.»
«Erzählst du mir die Wahrheit?» fragte er mit einem Lächeln auf den Lippen.
«Sicher. Warum sollte ich so eine Geschichte erfinden. Oder hast du vielleicht gedacht, ich hätte es gestohlen?»
«Nein, Hen, ich habe überhaupt nichts gedacht. Ich war bloß neugierig. Man liest schließlich nicht jeden Tag Brieftaschen auf der Straße auf.»
«Besonders nicht solche mit ein paar hundert Dollar darin», sagte ich.
Das brachte ihn aus irgendeinem Grund aus der Fassung. Nun zählte ich plötzlich als Dieb. Ich hätte mich bemühen sollen, die Brieftasche ihrem Besitzer zurückzugeben oder sie bei der Polizei abliefern müssen.
«Bei der *Polizei*!» rief ich. «Du spinnst wohl.»
Er mußte zugeben, daß die Idee, sie der Polizei auszuhändigen, etwas abwegig war. Nun war er gespannt, was ich mit dem unerwarteten Geld anfangen wollte.
«Ich kaufe ein hübsches Geschenk für die Witwe», sagte ich. «Das wird ihr gefallen.»
«Willst du nicht etwas für wohltätige Zwecke spenden?»
«Dieses Mal nicht», sagte ich. «Vielleicht, wenn ich noch eine finde.»
«Würdest du mir etwas davon leihen, wenn ich dich darum bäte?» erkundigte er sich.
«Warum nicht? Natürlich! Soviel du willst – du brauchst es nur zu sagen.»
«Danke, Hen, ich will keinen Cent. Ich wollte dich nur auf die Probe stellen.»
Ich plauderte noch ein paar Minuten mit ihm, dann verabschiedete ich mich. Aus irgendeinem Grund war er offensichtlich sehr zufrieden mit sich.
Als ich ging, sagte er: «Meinetwegen brauchst du nicht dieses Notizbuch zu führen», sagte er. «Ich vertraue dir.»
Ich weiß nicht, welche seiner Stimmungen ich am meisten genoß – wahrscheinlich die streitsüchtige. Irgendwie blieb ich stets ungerührt, wie sehr er mich auch beschimpfte, wie weit hergeholt seine Beschuldigungen auch waren. Für mich war er ein Studienobjekt, ein höchst interessantes sogar.

Die eigentliche Prüfung stand ihm natürlich noch bevor.
Bisher war er nur ein Student, ein Student voller Theorien
und Ideale. Ich setzte mehr Vertrauen in meinen italienischen Freund Jimmy Pasta.
Aber es war spannend, mit ihm zu streiten. Und besonders
spannend, ihn an der Nase herumzuführen.
Er kannte mich in- und auswendig – und er kannte mich
überhaupt nicht. Er wollte mich nicht kennen, wie ich wirklich war. Er wollte das Bild behalten, das er sich von mir
gemacht hatte. Er wollte, daß ich ein Versager würde –
damit sich irgendeine verschwommene These von ihm bestätige. Und er glaubte gewiß nicht, konnte es nicht glauben, daß irgendwann einmal vielleicht aus mir ein guter
Schriftsteller würde.
Eines Tages erschien plötzlich, wie in einem russischen Roman, niemand anders auf der Szene als Alecs älterer Bruder,
der schon vor einer Reihe von Jahren, als Alec noch ein
kleiner Junge war, das Haus verlassen hatte.
Bob, der Bruder, hatte anscheinend während seiner Abwesenheit die ganze Welt bereist. Er hatte beträchtliche Zeit
in Asien verbracht, genauer in Indien. Er hatte eine Menge
zu berichten über die Sitten der verschiedenen Völker und
ihre Lebensphilosophie. Alecs Eltern klang das alles spanisch. Aber sie waren stolz auf ihren Sohn, der wahrhaftig
das genaue Gegenteil seines jüngeren Bruders zu sein schien.
Zunächst war Alec beeindruckt. Tatsächlich hatte er überhaupt nicht gewußt, daß er einen älteren Bruder besaß. Die
Eltern hatten nicht von ihm erzählt, da sie dachten, er sei
ein nichtswürdiger Herumtreiber geworden. Ich selbst war
sofort von ihm begeistert. Besonders interessierte ich mich
für seine spirituellen und metaphysischen Vorstellungen.
Indien war für ihn so etwas wie eine wahre Heimat geworden. Die alten Considines waren natürlich ein bißchen verwirrt über die Diskussionen, die sich nun zwischen den beiden Brüdern und mir entspannen.
Es dauerte nur ein paar Wochen, da lagen sich Alec und
sein Bruder schon in den Haaren. Alec konnte den ganzen
«spirituellen Unsinn» – wie er es nannte –, den sein Bruder auftischte, einfach nicht schlucken.

Ich fragte mich nur, was diesen älteren Bruder wohl bewogen hatte, in sein Elternhaus zurückzukehren. «Ganz gewöhnliches Heimweh», erklärte er. Außerdem fürchtete er, sein kulturelles Erbe als Amerikaner zu verlieren.
Zu den guten Folgen der Heimkehr seines Bruders gehörte der erstaunliche Wandel, den Alec durchmachte, nachdem er ein Buch von Swami Vivekananda, das ihm sein Bruder lieh, gelesen hatte. Die Wirkung war nicht nur verblüffend, sie hielt auch an. Alec veränderte über Nacht seine Lebensweise. Er war nun fester entschlossen denn je, ein großer Architekt zu werden. Noch weit mehr als ich waren seine Eltern über diese Kehrtwendung erstaunt. Sie schrieben sie dem Einfluß des Bruders zu, aber das bestritt Alec heftig. Er bestand darauf, daß er imstande sei, sich seine eigenen Gedanken zu machen, und von niemandem Hilfe brauche.
Das alles erinnert mich an ein Zitat, das sein Bruder ab und zu fallenließ. Es stammte von Gautama Buddha und lautete so: «Ich gewann nicht das geringste aus vollkommenem, unvergleichlichem Erwachen, und aus eben diesem Grunde heißt es vollkommenes unvergleichliches Erwachen.»
Es gab noch eine andere Buddha-Stelle, die er liebte. Das war Buddhas Erwiderung auf die Frage eines vorübergehenden Fremden. Befragt, wer er sei und was er sei, antwortete Buddha: «Ich bin ein Mensch, der wach ist.»
Alecs Bruder bekannte seine Verwunderung darüber, daß Alec und ich so viel Zeit darauf verschwendeten, über Literatur zu diskutieren statt über Philosophie oder das Leben selber. Namen wie Strindberg, Bergson, Boccaccio bedeuteten ihm nichts. Für uns dagegen waren diese Autoren der wahre Lebensodem. Vielleicht war diese «Literatur», in der wir schwelgten, unsere Rettung. Sie half uns erkennen, daß Heilige und Sünder einander glichen, daß Heiligkeit ebenso im Schmutz und im Verbrechen zu finden war wie an geweihten Stätten und in sakrosankten Individuen. Sie lehrte uns, es zu akzeptieren, daß der Idiot oder der Einfältige nicht nur der Rivale des Genies war, sondern diesem oft überlegen. Wir waren fähig, auf mehreren Ebenen zugleich zu leben. Es gab kein Recht und Unrecht, nichts Schönes und Häßliches, Wahres und Falsches – alles war eins.

Manchmal müssen wir andern wirklich töricht vorgekommen sein. An manchen Tagen waren wir Gestalten aus Tschechow oder Gorki oder Gogol. An anderen Tagen entstammten wir Thomas Mann. Ein ganzes Jahr lang unterschrieb ich meine Briefe mit «Hans Castorp» – aus Manns *Zauberberg*. Es ist schade, daß wir uns so sehr auf Literatur beschränkt hatten, daß wir von den großen Malern oder großen Musikern kaum etwas wußten.
Unser Enthusiasmus war groß, doch die Ehrfurcht gering. Wir kannten keine Disziplin. Wie die wilden Tiere nährten wir uns von allem, was gerade greifbar war. Ich betrachte es als eine herrliche Zeit in meinem Leben. Wir waren Freiheitskämpfer und Freigeister. Wir waren niemandem zu Treue verpflichtet.
Eines Tages verkündete Alecs Bruder in aller Ruhe, er reise in ein paar Tagen nach Indien ab. Er zeigte uns das Photo einer hinreißenden Inderin, die er heiraten wollte, wie er sagte. Er war ihr am Aurobindo Ashram begegnet. Sie wollten in dieser neuen planetarischen Stadt Auroville leben, in der Nähe des Ashram. Er wollte als Zimmermann arbeiten und sie als Krankenschwester. Alle schienen bei dieser Nachricht erleichtert zu sein, besonders Alec.
Die Ankunft von Bob Considine führte auch dazu, daß ich endlich zum erstenmal mit der Witwe brach. Bob hatte mich einem sehr ungewöhnlichen Mann vorgestellt, einem ehemaligen Evangelisten namens Benjamin Fay Mills. Mills hielt in der Carnegie Hall, in der Town Hall und an ähnlichen Orten Vorträge über alle möglichen Themen. Durch ihn hörte ich zum Beispiel erstmals von Freud. Jedenfalls fand ich, nachdem ich zu einem seiner Sonderkurse (frei) zugelassen worden war, heraus, daß er einen Bruder in Kalifornien hatte. Ich veranlaßte Mills, mir einen Empfehlungsbrief für seinen Bruder mitzugeben. Ich hatte vor, in den Westen zu gehen und Cowboy zu werden. Knapp einen Monat später oder so brach ich mit den wenigen Ersparnissen, die meine Mutter für mich auf die Seite gelegt hatte, nach Westen auf. Ich ging, ohne der Witwe Lebewohl zu sagen.
Als ich die Hälfte der Strecke hinter mir hatte, schrieb ich

ihr, ich sei unterwegs nach Juneau, Alaska, was natürlich eine Lüge war. Ich landete, wie man aus meinen Büchern weiß, in Chula Vista, am Rande von San Diego. Cowboy wurde ich nie – ich war nur einer von vielen schlichten, unwissenden Rancharbeitern, die acht oder neun Stunden am Tag in einem Zitronenhain schufteten.
Während ich auf dieser Ranch arbeitete, fuhr ich eines Abends nach San Diego – eigentlich um ein Hurenhaus zu besuchen; als ich aber zufällig ein Plakat sah, auf dem Vorträge von Emma Goldman angekündigt wurden, ging ich statt dessen dorthin, um sie zu hören, und veränderte dadurch unabsichtlich den ganzen Verlauf meines Lebens. Was für ein herrliches Fest es war, ihre Vorträge zu hören!
Durch sie lernte ich die Werke Nietzsches und die anderer hervorragender europäischer Schriftsteller kennen. Und dadurch, daß ich diese Autoren las, über die sie in ihren Vorträgen sprach, entschloß ich mich nach und nach dazu, selbst Schriftsteller zu werden.
Ich weiß noch, wie ich nach einem ihrer Vorträge ein Buch von Nietzsche erstand. Es war *Der Antichrist*. Ich hatte einige Mühe, den Mann, der die Bücher verkaufte, davon zu überzeugen, daß ich so schwere Kost verdauen konnte. Ich muß wahrhaftig sehr unreif ausgesehen haben. Vielleicht auch wie ein Landtrottel, denn ich arbeitete immer noch auf der Ranch. Wie dem auch sei, dadurch daß ich ihre Vorträge besuchte, erhielt ich eine Einführung in all die berühmten zeitgenössischen europäischen Dramatiker, darunter insbesondere Strindberg.
War es sie, frage ich mich, die mich mit Hamsuns Werk bekannt machte? Merkwürdig, daß ich mich nicht mehr erinnern kann, wie, wann und wo ich auf seine Bücher stieß! Bestimmt verdanke ich ihr die Bekanntschaft mit den russischen Dramatikern – und auch die mit bestimmten deutschen und österreichischen. Sogar Rabindranath Tagore verdanke ich ihr! Einige Monate später, als ich wieder in New York war, hatte ich das Glück, mit einem Swami bekannt zu werden, und durch ihn lernte ich das Werk von Swami Vivekananda kennen, wofür ich ewig dankbar sein werde.

Noch ein paar Worte zu der Romanze mit der Lehrerin.
Natürlich gelang es Alec nicht, eine Affäre mit ihr zu haben. Wochenlang strafte sie ihn mit Verachtung, trotz der Blumen, Pralinen, Theaterkarten und so weiter, die er ihr schickte.
Ganz allmählich jedoch ließ sie sich erweichen. Er brauchte ihr nicht mehr vor der Tür gute Nacht zu sagen. Vielleicht tat er ihr leid, vielleicht begann sie zu merken, daß er noch eine bessere Seite besaß als diejenige, die er zuerst gezeigt hatte.
Der Fairness halber muß ich hier sagen, daß er nicht nur gemein, verschroben und streitsüchtig sein konnte, sondern auch charmant. Er konnte sogar meine Mutter bezaubern, die für Schmeichelei nicht sehr empfänglich war. Nie werde ich meinen einundzwanzigsten Geburtstag vergessen. Natürlich waren alle Mitglieder des Clubs mit ihren Freundinnen zugegen. Sogar meine geliebte Cora kam. Ich weiß noch, daß ich den ganzen Abend über ein einziges Mal mit ihr tanzte. Meine Mutter hatte eine recht zahme Punschbowle für uns zubereitet und entdeckte später zu ihrem Entsetzen, daß sie von jemandem mit Whisky und Brandy versetzt worden war. (Das Werk meines Freundes Alec.) Zu unserer äußersten Verwunderung brachte er an diesem Abend ein überwältigend gut aussehendes Mädchen mit – eher schon eine Dame, möchte ich sagen –, die eine beachtliche Stimmbegabung hatte. Als sie «Kiss Me Again» zu singen begann, war es, als hörten wir unser Idol Elsie Ferguson.
Gegen Ende des Abends fiel mir auf, daß Alec und zwei oder drei andere Burschen verschwunden waren. Da ich wußte, daß der Punsch bei allen seine Wirkung getan hatte, nahm ich an, sie seien wahrscheinlich hinausgegangen, um ein bißchen frische Luft zu schnappen. Zu meinem Erstaunen hörte ich sie oben auf dem Treppenabsatz eine ziemlich schwere Last absetzen. Es war nichts anderes als eine große Brotkiste von der Art, wie die Lebensmittelhändler sie des Nachts vor ihren Läden stehen ließen. Als ich die Wohnungstür öffnete, um nachzusehen, was vor sich ging, merkte ich, daß meine Mutter direkt hinter mir stand. In diesem Augenblick stellten Alec und ein anderer die Brotkiste

hochkant und ließen sie die Treppe hinunterpoltern. Meine Mutter stieß einen Entsetzensschrei aus und begann zu schimpfen, sie seien dreckige Faulenzer, alle miteinander. Zu meiner Überraschung trat Alec zu meiner Mutter, ergriff ihre leblose Hand und sagte fast mit Tränen in den Augen: «Liebe Mrs. Miller, sie müssen uns vergeben. Sehen Sie, Henry hat nur einmal in seinem ganzen Leben einundzwanzigsten Geburtstag, und ich wollte dafür sorgen, daß er ihn niemals vergißt.» Meine Mutter fing an, irgend etwas über die zertrümmerten Treppenstufen zu sagen, aber er unterbrach sie sogleich mit den Worten: «Machen Sie sich wegen der beschädigten Stufen keine Sorgen, Mrs. Miller. Ich werde mich selber darum kümmern, daß sie repariert werden. Vielen Dank für den wunderbaren Abend, den sie uns beschert haben.» Und damit ging er.
Die Ferienzeit näherte sich. Sein Mädchen ließ ihn wissen, daß sie die Ferien in Europa verbringen werde. Zunächst würde sie nach Paris reisen – auf einem französischen Liniendampfer.
Zuerst versetzte das Alec in Panik. Er stellte sich lebhaft vor, wie sie dem Zauber irgendeines französischen Märchenprinzen erlag. Aber dann kam ihm eine Idee – warum eigentlich nicht auch nach Paris fahren? Und warum nicht (heimlich natürlich) auf demselben französischen Dampfer? Er würde warten, bis sie in See gestochen waren, bevor er sie mit seiner Anwesenheit überraschte. (Er fürchtete, sonst würde sie das Schiff verlassen, wenn sie feststellte, daß er ebenfalls nach Paris fuhr.)
Und so kaufte er sich seine Fahrkarte und wartete ab, bis das Schiff weit draußen war, ehe er sich bemerkbar machte. Sie war in der Tat überrascht, aber auch entzückt. Zweifellos fühlte sie sich geschmeichelt, daß ihr so ernsthaft Beachtung geschenkt wurde. Und nun, welch Wunder, verliebte sie sich wirklich in ihn. Sie kamen überein, in Paris zu heiraten, sobald sie dort eintreffen würden. Und das taten sie.
Im März 1930 kam ich in Paris an. Im Juni desselben Jahres sollten Alec und seine Lydia in Paris heiraten, ohne daß ich etwas davon ahnte. Eines Tages trinke ich ein Glas im Café du Dôme, und wen sehe ich da Arm in Arm herbei-

schlendern? Alec und sein Mädchen. Bei ein paar Pernods berichtete er mir ausführlich, was sich alles ereignet hatte, seit ich nach Paris aufgebrochen war.
Wir beschlossen, ein Hochzeitsfest zu feiern. Ich führte sie, nur ein Stück die Straße hinunter, ins Coupole, und dort hielten wir ein herrliches Mahl. Sie schienen ein sehr glückliches Paar zu sein. Ich sah Alec erst rund vierzig Jahre später wieder, als er mich in meinem Haus in Pacific Palisades besuchte. Er war unterwegs nach Reno, um wieder zu heiraten – dieselbe Frau. Wie sie mir später erzählte, war es ziemlich schwierig, mit ihm zusammen zu leben, aber sie konnte nicht ohne ihn sein. Zu meiner großen Überraschung nahm er mich, als er sich zum Gehen anschickte, beiseite, hielt meine Hand, umarmte mich herzlich und sagte: «Hen, du kannst dir nicht vorstellen, wie glücklich ich bin, daß du es geschafft hast. Ich wußte immer, daß du es in dir hattest.»

Inhalt

1. Stasiu　　　　　　　　　　7
2. Joey und Tony　　　　　　39
3. Cousin Henry　　　　　　 51
4. Jimmy Pasta　　　　　　　69
5. Joe O'Reagan　　　　　　 87
6. Max Winthrop　　　　　　103
7. Alec Considine　　　　　 121

Henry Miller

Sexus
Deutsch von Kurt Wagenseil.
608 Seiten. Gebunden und
als rororo 4612

Die Welt des Sexus
Deutsch von Kurt Wagenseil.
Mit einer Vorbemerkung von
Lawrence Durrell.
144 Seiten. Gebunden und
als rororo 4991

Der Engel ist mein Wasserzeichen
Sämtliche Erzählungen.
Deutsch von Kurt Wagenseil und
Herbert Zand.
352 Seiten. Gebunden

Der Koloß von Maroussi
Eine Reise nach Griechenland.
Deutsch von Carl Bach und
Lola Huenen-Sernau.
230 Seiten. Gebunden und
als rororo 758

Wendekreis des Steinbocks
Roman.
Deutsch von Kurt Wagenseil.
336 Seiten. Gebunden und
als rororo 4510

**Hans Michael Rehberg
liest
Henry Miller
Lachen, Liebe, Nächte**
2 Tonbandcassetten im Schuber
66010

Herny Miller
dargestellt von Water Schmiele (rm 61)

C 93/43

Henry Miller

Das Lächeln am Fuße der Leiter
Mit Illustrationen von Joan Miró
(4163)

Stille Tage in Clichy
Roman. Mit 28 Fotos von Brassaï
(5161)

Lachen, Lieben, Nächte
Sechs Erzählungen (227)

Big Sur und die Orangen des Hieronymus Bosch
(849)

Nexus
Roman (1242)

Plexus
Roman (1285)

Schwarzer Frühling
Erzählungen (1610)

Mein Leben und meine Welt
(1745)

Der klimatisierte Alptraum
(1851)

**Insomina oder
Die schönen Torheiten des Alters**
Mit 12 Aquarellen von Henry Miller
(4087)

Wendekreis des Krebses
Roman (4361)

Von der Unmoral der Moral
und andere Texte (4396)

Sprich, Erinnerung, sprich

Ida Ehre
Gott hat einen größeren Kopf mein Kind ... (12160)

Heinz Erhardt
Unvergeßlicher Heinz Erhardt
Heiteres und Besinnliches (4245)

Vera Figner
Nacht über Rußland
Lebenserinnerungen einer russischen Revolutionärin (5974)

Graham Greene
Fluchtwege (5285)

George Grosz
Ein kleines Ja und ein großes Nein (1759)

Virginia Haggard
Sieben Jahre der Fülle
Leben mit Chagall (12364)

Axel Madsen
Jean-Paul Sartre und Simone de Beauvoir (4921)

Bernhard Minetti
Erinnerungen eines Schauspielers (5950)

Edith Piaf
Mein Leben (859)

Jean-Paul Sartre
Sartre über Sartre (4040)

Irving Stone
Vincent van Gogh (1099)